云南百位历史名人传记丛书

中共云南省委宣传部◎编

南滇学者

郑易里

郑璀　蓝德健◎著

云南出版集团

云南人民出版社

图书在版编目（CIP）数据

南滇学者——郑易里 / 郑璀, 蓝德健著. -- 昆明：
云南人民出版社, 2017.1
（云南百位历史名人传记丛书）
ISBN 978-7-222-15496-4

Ⅰ.①南… Ⅱ.①郑… ②蓝… Ⅲ.①郑易里（
1906-2002）- 传记 Ⅳ.①K825.5

中国版本图书馆CIP数据核字(2016)第314330号

出 品 人：李　维
　　　　　胡　平
责任编辑：张力山
装帧设计：马　滨
责任校对：张艳琼
责任印制：洪中丽

书名　**南滇学者——郑易里**
作者　郑　璀　蓝德健
出版　云南出版集团　云南人民出版社
发行　云南人民出版社
社址　昆明市环城西路609号
邮编　650034
网址　http：//ynpress.yunshow.com
E-mail　ynrms@sina.com
开本　889mm×1194mm　1/32
印张　6.375
字数　120千
版次　2017年1月第1版第1次印刷
印刷　昆明卓林包装印刷有限公司
书号　ISBN 978-7-222-15496-4
定价　25.00元

如有图书质量及相关问题请与我社联系
审校部电话0871-64164626　印制科电话0871-64191534

云南百位历史名人传记丛书

编委会名单

总 序

丛书编委会

历史长河浩浩荡荡！中华文明自滥觞至汇聚千流，涵纳万水，奔腾迭起，云蒸霞蔚，延五千年之长史，至今生机勃然，是迄今世界上唯一保持完整且衍传有序、光耀于人类的伟大文明。

习近平总书记指出：一个国家、一个民族的强盛，总是以文化兴盛为支撑的。中华民族是具有非凡创造力的民族，我们创造了伟大的中华文明，实现中华民族伟大复兴的中国梦，必须弘扬中国精神。以爱国主义为核心的民族精神，以改革创新为核心的时代精神，是兴国之魂，强国之魂。

云南，是祖国西南神奇、美丽、富饶的宝地，是中华文明中极具特质和创造潜力的丰美之乡。云南少数民族文化是中华民族文化的重要瑰宝。长期以来，云南大地上，各民族和睦与共，相濡相生，共同创造了色彩瑰丽、形态多元、底蕴厚重、影响深远的历史文化，为我们留下了珍贵的精神遗产。人，是历史的镜子，是历史最生动的环节，人民是历史的主人和创造主体。在人类历史的进程中，一个个不同时期的代表人物产生过一些不同的影响。"云南百位历史名人传记丛书"就是这样一丛历史的记录，一百位历史名人，虽未必尽能概全，各位历史人物的代表性也不尽相同，但都是"追梦人"，是振兴民族伟大理想的传薪人、探索者和实践家。

在这些代表人物中，无论是拓土开疆的将帅勇者，还是蹈海酬志的大国使节；无论是志于传播文明的鸿儒巨擘、先哲贤士，还是为民族独立解放而高歌猛进、慷慨捐躯的群雄英杰，都贯注了这一重要精神。正是以他们为代表的云南各族人民创造并抒写了可歌可泣的英雄史章，熔铸了坚韧不拔、奋为人先、包容博大、敢于担当的精神品质，才使云南在中华文明的长史中闪耀着特有的光辉。尤在近代中国，在辛亥护国风云中，在反对外辱保卫祖国边疆维护民族尊严、抗击日本法西斯侵略中，云南站在历史前台，以中华群雄的不屈身影演出了一幕幕豪迈悲壮的历史大戏，也更涌现了一批足以彪炳史册、光照后人的杰出人物。这一切，给予中国历史进程深远的影响。

今天，实现中华民族伟大复兴之梦，谱写富民强滇中国梦的云南篇章，需要以中华文化发展繁荣为重要条件，这就需要接续这一光荣而伟大的精神传统,在继承中创新,在创新中发展,在发展中超越。云南正处于一个新的历史起点上,需要大力挖掘历史文化资源,聚合更强大的精神动力,为推动我省科学发展、和谐发展、跨越发展凝心聚力。为此,我们组织省内外专家学者编写出版了"云南百位历史名人传记丛书"。这对加强我省各族人民,尤其是青年一代对历史的了解、认同,爱国爱乡爱民并甘于奉献,对提升优秀精神品质,形成团结奋斗的共同的思想基础,坚定推进富民强滇的信心和决心,显然有着重要的现实意义和切实的助力。

一百位历史人物,所处历史时期并不相同,其历史作用也有差异,甚至就个人的全面历史评断方面也难以等量趋同。但我们以为这些留存史迹的人物,所以传扬至今,为后世崇奉,均有他们共同的历史向度和价值取向,我们学习这些历史人物,至少应当着重于以下几个大的方面,即:"守大德、重大义、集大成、有大度、达大观"。

守大德,即恪守道德规范。"德者,本也。"(《礼记·大学》)"大德"既是国家民族的根本利益所在,也是中国文化中最核心的价值理念及标准。古语"行德则兴,背德则崩",不仅是资政经验,也是个人修习完善的根基。所谓"厚德载物",直观的理解,就是如果德行浅薄,是不能兴物成事,更不能造就伟大功业的。云南历史文化名人,大多以德立身,大节不移,并对此恪守坚定,一以贯之；始终保持正确信念和理想，并为之奋斗到底。这是我们首先要学习尊崇的。

重大义，即以国家民族利益的需要为个人行为取舍的标准。有大义，才有大爱。这些先贤无不爱云南爱乡土，以兴业乡梓、造福一方为己任。尤在国家民族命运攸关、生死存亡的关头，这些令人崇敬的先辈，大义擎天，逢难不避，敢于担当，责无旁贷，勇往直前，不惧牺牲。一个心存天下大公的人总会在不经意的一瞬决定大义的选择，这是社会进步的希望所在，更何况实现中华复兴的伟大梦想，还有很多异常艰危的事业在等待我们去克难攻坚。所以，举凡大义、为民为国、全身而进的精神是我们应当效法崇尚的。

集大成，"知类通达，强立而不反，谓之大成"。这些历史人物留下的足迹，予人深刻启迪。他们无论是出将入相，还是布衣一袭，均勤学不辍，求索不止，在追求真理和知识的道路上刻苦务实，义无反顾，永无终期，故能成大器，胜大任，不辱使命。今天，世界进入知识信息时代，软硬实力决定一个国家能否赢得发展机遇，乃至自立于强国之列的地位。其紧迫性不亚于先辈梦想中国富强的百年期许。但今天所谓"集大成"，是更高更大更具有生存挑战性和发展战略性的，是集世界之"大成"，集政治经济、科技文化、制度建设、社会发展等一切领域"总成"，玉成中国梦的空前伟大的事业。所以，先人刻苦自律、博学精进的学习精神我们应当秉持继承。

有大度，即要有开放包容的胸怀。云南历史文化名人的一个共通品质，也是一个显著特点就是，即使身处僻远，总能破除狭隘与陋见，以宏大度量，兼容并包，接纳先进，吸收优异，团结一切可以团结的力量，聚合一切可以聚合的资源，总成一股创造历史的宏大动力，来完成伟大的事业。哪怕是割股舍己，也在所不惜。今天，云南要实现跨越式发展，保持开放包容的胸怀尤其重要。所以，先辈"天下云南"的大度我们应当弘扬光大。

达大观，即要眼观天下，达察全局，与时俱进，审时知变，敢为人先。推动云南社会历史进步的代表人物，无不目光远大，胸怀全局，对世界潮流、时代嬗变，都能审视洞悉，并欣然顺应规律，故能在历史转折的关键时刻做出正确选择，成就改天换地的一番伟业。古语有"小智自私"、"达人大观"，是将为个人牟私的小智谋与担当天下兴亡的大智慧尖锐对比而言的。否则，"其兴也勃焉，其亡也忽焉"。一个为民为国而应用心智的人，必然有达观天下的心怀，也由此激发潜能、超迈寻常，而使人生境界也更加美好而宏丽。遍观世界文明史，许多影响人类进步的伟大创新，正是以此为动力和起点的。今天，中国经济社会的快速发展，国家的日益强大，正为实现中华民族伟大复兴的中国梦开拓了无限广阔的道路，也为个人实现自身价值创造着更加富实的前景。所以，先辈们达观天下的精神我们应当引为楷模。

我们对志向高远、仰观天下、俯察民情、甘为路石、慨当以慷、求真务实的历史名人，心存景仰，并愿与千千万万的读者，尤其是青年朋友一道学习弘扬。

组织编撰"云南百位历史名人传记丛书"是一项重要的文化工程，编撰出版人员都做出了艰苦的努力，但由于众手修书，书稿层次不一，成书体例难以做到完全一致，对存在的不足敬请读者批评指正，我们将虚心接受，并在修订再版时一并吸纳修改完善。

目录 // MULU

· 云南百位历史名人传记丛书 ·

南滇学者——郑易里 ZHENG YILI

目录 // MULU

◆ 梦圆北京

·云南百位历史名人传记丛书·

南滇学者——郑易里 ZHENG YILI

目录// MULU

·云南百位历史名人传记丛书·

南滇学者——

郑易里 *ZHENG YILI*

从玉溪走出的革命青年

　　人的天赋各不相同，来自长辈的家庭影响也各不相同，聪明的天赋加上一生勤奋的父母给予的家庭影响是郑易里成才的基础。郑易里少年求学，青年求真理，终成为革命者。

玉溪原名新兴州城，它是一座小县城，灵照、棋盘、凤凰、龙马四座葱茏的青山环抱着它，元江、州大河从中流过，抚仙湖、星云湖、杞麓湖这些大大小小的湖泊星罗棋布散布其间。州大河河水澄碧透亮，如玉带流淌在万亩田畴中，所以自1916年起，原来的新兴州城便因水改名为玉溪。

从三国到明清再到现代，玉溪出过不少名人，像铁面御史陈表、育英殿大学士雷跃龙、辛亥名将谢汝翼、辛亥革命时期云南护国运动的先驱李鸿祥、《义勇军进行曲》的作曲者聂耳，还有我们这本书介绍的郑易里等，这些名人在不同的领域，创造了不同的辉煌。

玉溪真乃是山清水秀、人杰地灵，可称得上是散落在云南大地上的一颗璀璨明珠。

在玉溪棋阳路35号院内，有一座充满浓郁地域色彩的老式建筑，小院里石板铺地，并砌有花台，绿树成荫的小道直通一座砖木结构的凹形旧瓦房。瓦房共两层，楼上有一排木栏杆相连。这幢古老的房子就是玉溪名人郑易里的故居（现已定为玉溪市文物保护单位）。

郑易里1906年10月3日出生于云南省玉溪县瓦窑乡上郑井村。郑易里一生中取得了诸多令人瞩目的成就，他冒着风险出资、编辑、校对、出版了中国第一部马克思的经典著作《资本论》全译本；编纂了享誉海内外的《英华大词典》；创制了计算机汉字输入法——郑码。他的一生为中华民族的崛起和发展做出了不可磨灭的贡献。他的这些成就并不是一蹴而就的，这源于他自身的天赋、不懈的努力和追求，也源于整个家庭对他的影响和支持。

郑氏家族的兴起

玉溪地处滇中腹地，历来是北上昆明、东进广西、南下泰国、西通缅甸的融汇点。明清时期，由于其重要的地理位置，成为兵家戍兵屯田的西南重镇和必争之地。1855年、1856年云南地方豪绅两次勾结清官府屠杀回民，激起了各族民众的反清怒潮，回族秀才杜文秀在云南起兵，各族民众纷纷响应。他曾攻下滇西、滇南的53座城池，势力占据了半个云南。在这场抗清斗争中，1867年杜文秀率20万大军围攻昆明，在玉溪的上郑井小营村与清军展开了拉锯战，这边打进，那边打出，致使村子里仅有的几排房子全部在战火中焚毁。因战乱，村里的乡亲们四散逃离。由于后期指挥失误及内部将领的叛变，杜文秀率领的反抗清王朝的斗争，于1872年失败。

杜文秀反抗清王朝的斗争失败后，村民们纷纷返回故土。村里一片焦土，连院墙都坍塌了，甚至分不清原来哪儿是哪家，大家只好大概认个地方搭棚暂住。郑易里的大爷爷郑受福和郑易里的爷爷郑受禄也就认个地方，搭个能遮风避雨的棚子住下来，那时候家里最值钱的东西就是做饭用的半口破铁锅。郑受禄先娶张氏为妻，生二子，长子早夭，二子郑东晋，字宝臣；后张氏病故，续娶蒋氏，生子郑东唐，字瑞廷，一家人在上郑井村务农，讨生活。郑受福和妻子窦氏生了三个女儿，没有儿子，于是郑受禄就把自己的二儿子郑东晋过继给哥哥郑受福。过了几年，郑受福病逝，郑东晋便继承了他的家业。

尽管玉溪是水土肥美之地，然而一切都经不住战争的摧残，郑东晋虽然继承了家业，但到他这一辈，家族的境况已经大不如前。郑东晋从小就非常懂事，刚能干点活就开始给有钱人家打工，贴补家用，贫困不堪的生活，让郑东晋倍感艰辛。他稍大一点的时候就去做佃农，农闲时又常常去江川贩鱼，以此勉强维持生活。后来郑东晋干起了赶马送货（按现在的说法，即搞短途运输）的营生，风里来雨里去十分辛苦，但生活慢慢好了起来，也盖起了几间草房。不幸的是村里又闹起了瘟疫，大家纷纷逃离家园。瘟疫过后，乡亲们回村一看，苦蒿长得比人高，只好放火烧荒再次搭棚子住下。

郑东晋与妻子陈氏结婚后，郑东晋一边种着自家的地，·边做点小生意补贴家用，这时人丁也逐渐兴旺起来，几个儿子陆续出生，环绕膝前，自是其乐融融。郑家原来的房子楼上住人，楼下做生意，郑东晋眼看着孩子们一天天长大，居住空间逐渐紧张起来，便在玉溪老阁门斜对面租了速姓人家的两间铺面房，以"宝臣号"为名开了一家日用杂货店。当时郑东晋正值壮年，精力充沛，他尽量满足四方居民的需要，小到针头线脑，大到日常生活用品，一应俱全，生意还算不错。但是孩子一个接一个地出生，日子过得还是紧紧巴巴的。因为孩子们都还小，地里的活计全靠郑东晋干，还要照顾店里的生意，郑东晋一个人有些忙不过来，他便请来自己同父异母的弟弟郑东唐帮忙照看铺子，一直到郑东晋的大儿子郑重贤（字子良）长大些，能帮忙照看铺子时，郑东唐才离开杂货铺自己独立做生意。

　　1906年中秋节的第二天，郑东晋的第七个儿子出生了，居然是双胞胎！全家都很高兴，遗憾的是其中一个不几天就夭折了。但不管怎么说，又过节又得子，仍是双喜临门，为此郑东晋给这第七个儿子起了个小名叫双喜，大名郑重良，字雨笙——他就是郑易里（笔名）。5年后，郑易里又有了个小妹妹——郑重兰，至此郑东晋有了7个儿子1个女儿，共8个子女。

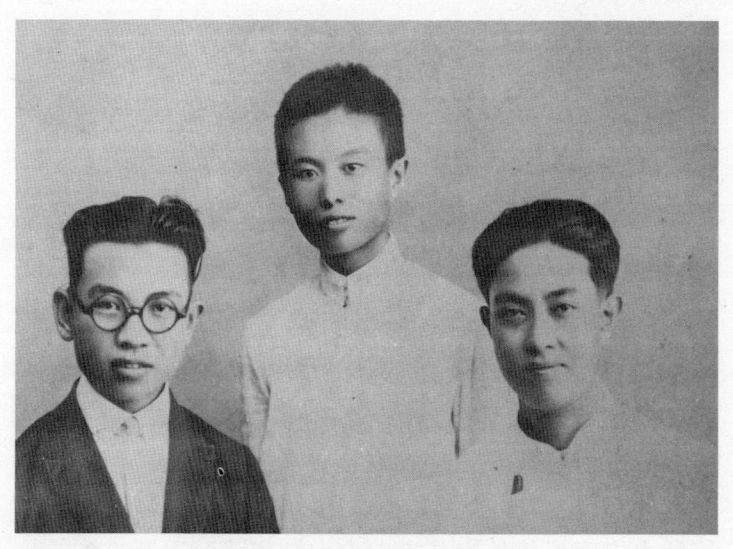

1926年8月，左起：吕如铨、郑重良、朱鸿题

少年时代

郑易里出生时，郑家还算不上富足，他的大哥帮父亲打理铺子，二哥和四哥上学读书，整个家族显示出一种生机。郑东晋为人厚道，体贴乡邻，童叟无欺，也从不歧视乡邻，因此，受到了乡邻的尊敬。这样的家庭环境使得郑易里从小便善良谦和，据乡里老一辈人的回忆，郑易里小时候就聪慧异常，有个性和主见，且为人厚道。幼年时，他就帮助家里放牛、种豆、打杂工。两个哥哥念书时，他就定定地站在旁边听、看。小伙伴们在一起玩时，郑易里总是能发明一些好玩的游戏，带领其他孩子们一起玩儿，比如抓把泥巴捏个泥人、泥牛过家家玩，抓个苍蝇，揪掉翅膀，赶着苍蝇往前爬，比谁的苍蝇爬得快等等。每天晚饭后，他和一帮孩子就聚在门前的大榕树下玩耍，直到现在那棵大榕树还挺立在通往玉溪红塔山的路上。

1911年中国最后一个封建王朝灭亡了，中华民国的成立，给很多大城市带去了新鲜的空气，人们轰轰烈烈地开始了新生活运动。在祖国偏僻的大西南，尽管消息闭塞，但还是隐隐约约听到一些新生活运动的声音，郑易里的二哥郑一斋和四哥郑重廉就是在这种形势下，于民国二年考取了云南省立师范学校。社会上各界人士受到推翻清政府和吸收西方文化的双重影响，男子纷纷剪掉辫子，服装也出现了从长袍马褂向中山装和西装逐渐过渡的趋势。看到哥哥们除旧革新的变化，5岁的郑易里在家里也吵着让父母帮他剪掉脑袋后面长长的辫子，革命思潮已经潜移默化地埋藏在他的心底。

郑易里八九岁时，父亲把他领到私塾先生面前，先生看这孩子虽然瘦小，但还算机灵，便同意收他做学生。父亲让孩子给孔子牌位和先生各磕一个头，就算入学了，当然学费是必不可少的。第一天上课，先生先教他认"方块字"，先生把他叫到自己桌前，他马上给先生作了个揖，这些规矩哥哥们早就告诉过他，先生看他刚来就挺懂规矩，便有些喜欢他了。先生拿出"方块字"教他认字、讲字义。他一看，"方块字"就是写在一寸多见方纸上的楷书字，有很多字他趁哥哥们念书时已经偷偷地学会了，所以没用多久他就认识了1000多字。开始先生只教他认字、习字，这两样事他都很喜欢做。先生看他有些基础了，就开始教他《千字文》《百家姓》《三字经》这些启蒙读物。在私塾上课的时候，学生先把书本送到先生的桌子上，恭恭敬敬地向先生作揖，请先生开始面授。先生便在书上用红笔边圈点边读，先生读一句学生学着读一句，如此教完一个段落，先生用红笔在段落的最后一句做个记号，表示今天就教到这儿。学生再向先生作个揖，拿起书回到自己的座位朗朗诵读。最后学生把读熟的课文送到先生面前作揖后，背向先生站着背诵。先生的桌上放着一把近一尺多长的木戒尺，学生背错了，这个戒尺就要发威了，轻则打手心，重则打屁股。因为先生打得很重，有的同学手心都被打肿了，要疼好几天，所以只要被打过一次，肯定让他印象深刻不会再错。郑易里因为记性好，学习又勤奋，所以被打手心的次数极少。郑易里在背诵时，并不明白课文的意思，等到背熟了，先生才逐句讲解，这常常让郑易里有一种大彻大悟、茅塞顿开的感觉，觉得特别高兴。后来，先生又教了"四书""五经"《古文观止》等，郑易里都学得很好。在读了3年私塾后，又在家对面的小学读了4年，这为他后来的学习奠定了良好的基础。

到了1920年，郑家的经济情况已经有了明显的好转，此时郑易里的二哥在昆明开了一个商铺——景明号，他把郑易里带到昆明，在店里当了一段时间的学徒，然后送郑易里进入私立成德中学学习。成德中学是昆明的一些富商及军政界的上层人士合办的，因此经费充足，教学设备好，聘请的教师也多是有识之士，在当时昆明的中学里，名气仅次于省立一中。成德中学及其他各中学的教师多为北京各大学的毕业生，像毕业于北大哲学系的罗稷南就曾经是郑易里的国文和英文老师，毕业于北京高等师范学校（北京师范大学前身）的楚图南曾是他的文史老师，这些青年教师把五四运动的优良传统带到昆明来，许多进步师生走向社会公开演讲，写宣传品宣讲爱国思想，新鲜的思想意识不断冲击着学生们的头脑，对学生的思想行为产生了强烈的影响。当时的郑易里虽然在玉溪上了几年私塾和小学，但在昆明所接触到的是不同于玉溪乡下的新环境和先进思想，郑易里在这样的环境中，呼吸到了新鲜空气，他被这种新的力量深深吸引。为了尽快适应这里的学习生活，他早睡早起，晚上8点就睡觉，早上4点就起来用功读书，不敢耽误一点时间。他经常坐在井沿上念书，为了不掉到井里就得警惕着，他就用这种办法防止打瞌睡。他的这种凌晨即起的学习习惯，一直延续到以后漫长的研究工作中。

成德中学除了重视思想文化的教育外，也非常重视学生的外语学习。郑易里在玉溪读书的时候从来没有接触过外语，跟昆明本地的学生比，学起来很吃力。为了尽快赶上其他同学的水平，郑易里的二哥送他到法国教育家柏希文办的"英语学会"补习英语。当时专门的外语教材很少，柏希文教课时，就用自己带来的英文原版小说作为课本。郑易里当时所接触的课本就是《格列佛游记》和《鲁滨孙漂流记》这两本小说。这两本书中引人入胜的情节深深打动了郑易里幼小的心灵，对他性格的形成有着不可估量的影响，同时也激发起他的求知欲望。郑易里读的书越多，越发觉得世界之大，无奇不有，世界的精彩需要他不断努力去开拓，所以他更加努力地学习英语。

柏希文上课时每次只讲授一段到两段，除解释文中的生词外，也讲解英语的语法结构，还不时跟学生互动，令课堂气氛十分活跃，学生们非常爱到他这儿来上课。郑易里在柏希文的教授下，不但克服了玉溪口音学习英语的障碍，而且还打破了语法结构的束缚，从语言使用中理解词语的结构和用法。中学读到三年级，郑易里已经成为英语课上的佼佼者了。这段时间的学习为他后来编写

《英华大词典》打下了坚实的基础。

郑易里上中学期间，学生中传阅着一种叫《救国日刊》的小报，这个小报后来改名为《复旦报》。内容多是从当时的进步报刊上转载的，如上海《民国日报》的副刊——《觉悟》《语丝》《向导》《新青年》《每周评论》《新潮》等。第一次世界大战结束后全国人民迫切希望收回各种主权，各省纷纷成立学联，成为全国其他各界人士要求政府收复主权的后盾。云南的学联，一般是按照京、沪学生的行动来开展活动的。《救国日刊》对这方面的报道很多，受到当时云南学生的欢迎。郑易里经常和同学一起议论报上的内容，有时也会发生争论，这一切都对郑易里有很大影响，他的思想已经飞出了偏远的彩云之南，关心国家命运、民族前途的思想品格已深植在他的情感中，这样的情怀和境界，成为他将来不畏艰难险阻、顽强拼搏为国家做贡献的巨大动力。

1924年，郑易里以优异的成绩从昆明成德中学毕业，三年的中学教育使他无论是思想上还是知识上都得到了极大的丰富。这年，他的二哥托好友徐梦麟把郑易里带到北京继续求学。

加入新滇社　追求革命

1924年底，郑易里、徐梦麟二人从昆明出发赴北京，那时的云南没有通往省外的铁路，只有一条通往越南海防的滇越铁路，他们坐火车到越南海防，再坐船经香港北上。

到北京后，在当时倡导的农业救国的思潮影响下，郑易里考取了北京农业大学农艺系。那时候，只有富家子弟才有经济条件到北京上学，郑易里的学费和生活费（每个月1块银圆），由他的大哥、二哥、五哥三家轮流供给。

郑易里在学校结识了五六个云南同学，其中有一个叫李鑫（李木子）的同乡，和郑易里最谈得来，他们很多见解相同。李鑫热情豪爽、待人诚恳，他给郑易里讲了许多革命道理，使郑易里慢慢懂得了自己对社会、对国家前途所肩负的责任。当时正值孙中山去世，北京成为革命高潮的中心，郑易里在李鑫的影响下成了革命的热血青年，当时有许多向往革命的热血青年在人生的十字路口徘徊，他们有着革命激情，但是不知道路要怎样走。

1925年，北京的云南学生在中共党员王复生（王德三的哥哥，1921年入党）领导下，在京成立云南进步青年组织——云南革新社，以共产党员为骨干，总部设在北京，负责人是王复生、王德三、李鑫、杨青田。以后又在北京、上海、武昌、广州等地设立分社。参加云南革新社的主要成员包括云南早期的马克思主义者、共产党员、共青团员和受共产党影响的进步青年。

1926年3月，为适应革命形势发展的需要，云南革新社改名为新滇社，郑易里在北京农业大学经李鑫介绍加入新滇社。新滇社的一切活动都是在共产党的指导下进行，所以它实际上是中国共产党的一个外围组织。

新滇社借同乡会的形式宣传革命思想，提高云南青年的政治觉悟，团结和组织他们投身革命。在新滇社里，郑易里跟大家一起如饥似渴地学习农业科学知识，还读一些马列主义著作及鲁迅、李大钊的作品，他们议论和探讨云南的政局，还利用晚上的空闲时间，跟着李鑫到学校附近的农村办农业讲习班。这段时间，郑易里的革命思想逐渐成熟起来。

在北京读书的云南同学每月在宣武门外的同乡会馆集中，开一次例会，其中一些人也经常到农大来集会，如在北大读书的王德三（1922年加入中国共产党）和法政大学的杨一波、杨青田等人，他们参加集会时，常给大家宣传革命的主张，揭露北洋军阀和云南军阀的罪恶，使在北京的云南同乡成为一群狂热的追求革命的青年。

1925年，孙中山逝世，国内军阀混战。1926年3月12日，直系冯玉祥领导的国民军与奉系张作霖的奉军作战时，两艘日本军舰护卫奉系军舰进入大沽口，并炮击国民军，致使守卫大沽口的国民军死伤10余名。国民军英勇开炮还击，将日本军舰逐出大沽口。事后日本方面认为国民军违反了《辛丑条约》，于是联合英、美、俄、法、荷、意、比、西8国公使，于16日向北洋军阀段祺瑞政府发出最后通牒，提出拆除大沽口国防设施的无理要求，并限令48小时内答复，否则以武力解决。同时各国派军舰云集大沽口，用武力威胁北洋政府。由于段祺瑞临时政府未能妥善处理外国公使团的最后通牒，引起民众的愤怒。3

月16～17日在北京的国共两党开会，国民党方面代表以徐谦为首，中共方面代表以李大钊为首，共同决定于3月18日组织学校学生和群众团体在天安门集会。

3月18日的活动农大学生也参加了，新滇社成员更是其中的积极分子。集会的前一天，大家忙碌地准备着传单、标语、大横幅等东西。李鑫还召集新滇社成员开会，商量如何应对可能发生的意外情况，并提醒大家如果军警开枪就马上趴下，等枪声停了，再爬起来跑，还让大家挑选较粗的棍子做标语的旗杆，可以用来自卫。郑易里把这些行动要求暗暗记在心中，他心里既兴奋又紧张，兴奋的是明天是自己第一次参加跟政府面对面的斗争行动，紧张的是不知道明天的行动会出现什么意外。他抱定一个想法：既然参加革命斗争行动，就要不怕牺牲，但也要提高警惕，不去做无谓的牺牲。就这样大家准备标语旗，几乎忙了一夜。第二天农大的队伍从罗道庄出发，往天安门走去，每人手举一个标语旗，一路上高喊着口号，一些群众也陆续参加到队伍中来。3月18日上午10时，国民党北京执行部、北京市党部、中共北方区委、北京市委、北京总工会、学生联合会等60多个团体，80余所学校，约5000多人在天安门举行"坚决反对八国通牒示威大会"，包括跟随来参加集会的群众，号称有10万人之众。大会主席徐谦发表了慷慨激昂的讲话，抗议日本军舰侵入大沽口炮击国民军的罪行及八国通牒。大会决议：通电全国一致反对八国通牒，驱逐八国公使，废除一切不平等条约，撤退外国军舰，电告国民军为反对帝国主义侵略而战。会后群众结队前往段祺瑞执政府请愿，要求段政府立即驳复八国通牒。当时大部分随之而来的群众因为害怕遭到军警镇压，不敢参加示威游行，纷纷离开游行队伍，李大钊便登台高呼："大家不要害怕，他们不敢把我们怎么样！"但无济于事，跟随前往执政府请愿的仅数百人，郑易里坚定地跟着队伍向前走去，大家边走边喊口号。郑易里因为个子小，走在队伍前面，手里举着用棍子和彩纸做的标语旗，他前面是举着校旗和打着大横幅标语的同学。

队伍到达铁狮子胡同段祺瑞执政府门前广场后，大家要求段祺瑞和总理出来接请愿书，群情激奋。当时，段祺瑞并不在里面，总理及其他正在开会的官员一看情势不妙，便从侧门溜走。军警在不加任何警告的情况下，向请愿的人群开枪，当场死43人，伤100多人，李大钊也受伤了，郑易里亲眼看见北京女子师范大学打校旗的和带领喊口号的两个女生被枪打倒在地（后来才知道她们是刘和珍和杨德群），广场上到处溅的是死伤者的鲜血，这是郑易里第一次接受血与火的洗礼，这就是历史上著名的"三一八"惨案。

赴日留学

"三一八"惨案发生后激起全国民众的愤怒声讨，鲁迅为此事拍案而起，写了不少纪念死者、怒斥当局的文章，称这一天是"民国以来最黑暗的一天"。1926年4月段祺瑞政府因此事件而倒台。郑易里看到了民众的力量，但他仍在思考着，究竟怎样国家才能强大不受外辱？究竟怎样人民才能摆脱封建枷锁的桎梏？苏联十月革命的榜样，使他看到中国未来的曙光，他坚定着一个信念——只有革命才能救中国，只有不断用先进的思想启发民众的觉悟，革命才能有基础，而且必须学习外国先进的科学技术，把它带回中国，中国才能强大。20世纪初，苦难的中国刚刚从皇权统治下脱胎出来，人们剪掉辫子，城市里中山装、西装开始流行，学校里开设数理化、外语等西学，但这还只是表面的变革，思想上仍然是愚妄迷信盛行，被封建枷锁桎梏。中国先进的知识分子认识到思想启蒙的重要，他们把马克思的哲学思想介绍给中国，并以此为利器砸烂封建枷锁，期盼人们在思想和精神上获得彻底解放。

在当时的历史环境下，这批热血青年和社会各界有识之士都纷纷进入广州农民讲习所和黄埔军校，或东渡日本求学。这时，正好有公费留日的机会，在二哥郑一斋的支持下，1926年底，郑易里到了日本，原来想考农业学校，但是没有公费生，只好考入有公费生名额的日本东京高等工业学校（即东京工业大学）纺织系。郑易里在日本参与了新滇社东京分社的成立，几个留日云南同学常聚在一起，学习马列主义的经济学、哲学等书籍，并议论国内外动荡的政治形势和云南发生的事情。

在日本东京留学时，郑易里和张天放（新中国成立后曾任云南省人大常委会副主任）、艾思奇、刘惠之等同住在东京近郊大岗山，这里是留日学生在东京的聚居地之一，中共地下党领导人多数也住在此地。此时的留日学生在中共地下党领导下组织了社会主义科学研究会，这个团体名义上是学术团体，实际上是党培养骨干力量的组织。在党组织需要公开活动时，留日学生便以研究会的名义开展活动，郑易里、张天放、艾思奇、刘惠之、浦承绪（浦绍基，卓琳的四哥）等人都是这个组织的成员。郑易里在日期间，读书勤奋、思想上要求进步，还积极参加党组织的活动以及留日学生的进步活动。

那时，郑易里和浦承绪共租一个屋子，租住的房子是个里外间，郑易里住外间，浦承绪住里间，他们既是同乡情谊，又都在社会主义科学研究会参加活动，又同是在海外漂游的学子，这使他们很快就成了好朋友，彼此无所不谈，还一起参加新滇社的活动。

郑易里在日本期间，国内的政治形势日趋恶化，日军步步紧逼，试图在中国挑起战争。1928年5月3日，日军在济南制造了惨绝人寰的"五三"惨案，一天之内，被日本侵略者野蛮屠杀的中国军民就有1000人以上。济南惨案引发了海内外中国民众的反日浪潮，在日本的各界华侨和留学生对日本无耻、野蛮的侵略行径义愤填膺，在中国共产党东京特别支部领导下发起千人大会，声讨日本侵略者的罪行，并在大会上组织起留日各界反日大同盟，郑易里和同学们毅然参加了廖承志领导的反日大同盟归国宣传分会。1928年，郑易里与艾思奇、廖承志、艾志诚、刘惠之、黄鼎臣等6人满怀爱国抗日的激情同船回国。

1928年，郑易里从日本回到上海后，与其他回国同学参加了由黄鼎臣等人组织领导的反日大同盟（在国际上称"反帝大同盟"），参与编辑、出版《反日新闻》。1928年底，郑易里回到昆明。

投身革命

在昆明，郑易里见到了中学同学李梓柏，当时李梓柏已是中共云南省委委员之一（新中国成立前病故），郑易里经李梓柏介绍，加入了中国共产党。那时王德三是中共云南省委书记，吴澄和李鑫等人是省委委员。在此期间，郑易里与仍在东京的浦承绪保持着联系，浦承绪看到国内同胞生活在水深火热中，内心充满救国救民的激情，一心想回国做一些实际的事情，看到郑易里等人相继回国，于是，他也毅然决然地放弃大学学习回国了。浦承绪回国时，带回很多进步书刊，革命热情也很高，郑易里便于1928年介绍浦承绪正式加入中国共产党，二人一起为地下党工作了很长时间。

"四一二"政变后，云南省主席龙云追随蒋介石的离俄清党政策，在昆明大肆抓捕共产党人，云南的革命也处于低潮。那时中共云南临时委员会在云南的主要革命活动是搞学生运动，很多暴露身份的共产党员、共青团员、学运领袖在昆明都站不住脚了。根据党的八七会议实行土地革命和武装起义的方针，党组织就秘密把他们派到迤南去开展工作。迤南的工作主要由李鑫和杜涛负责，李鑫负责个旧矿工和铁路工人运动，杜涛负责农运。

革命低潮时期的云南迤南社会状况复杂，社会环境险恶，地主、土匪的武装横行，地下党在那边也没有什么群众基础。1928年5月，省临委派善于做群众工作组织能力很强的地下党员黄明俊到屏边县干沟做争取苗族武装王小章部的工作，不幸的是，黄明俊在这里工作刚3个月，就被王小章怀疑是"官探"而加以杀害，事后连尸首都找不到。黄明俊牺牲时年仅24岁。

一天，郑易里接到云南省临委书记吴少默的通知，让去徐梦麟家碰头，碰头会上省委决定农运以蒙自为中心，省特委工作重点南移，大批干部转移到滇南工作。省委决定让郑易里当迤南特委委员，派他去蒙自小东山做地下工作，化名金榆林。

不久，郑易里遇到刚从莫斯科参加中共六大归来的省委书记王德三，云南省中共地下党省工委派王德三到迤南开展工作，传达党的六大精神，郑易里便应约作为省委书记王德三的秘书一起到迤南工作。二人在开远铁路附近一个僻静的小巷里（刘林元的亲戚家）召集了会议，参加会议的有在滇越铁路、个旧矿山做地下工作的党员共10多个同志，这次会议主要是王德三传达六大精神，然后大家研究如何贯彻六大精神，集中研究了如何发展党员的工作。

在这次会议上郑易里又见到了农大时的同学李鑫。李鑫从前是西装革履一副书生样子，可是现在的李鑫穿着一身矿工的粗布衣裳，脸庞黑黑的，由于个旧矿山工作条件恶劣，吃不上绿色蔬菜，加上生活用水困难，李鑫的眼病十分严重，又红又肿，眯成一条缝，郑易里乍一见李鑫，都认不出当年的好友了，还以为他是一个老矿工呢！原来李鑫为了到个旧锡矿开展工作，就先到杜涛的家乡倘甸锻炼，那儿的穷苦百姓上身不穿外衣，风吹日晒，皮肤黝黑，如果不锻炼成这个样子，就无法混到工人中去。后来通过杜涛的一个关系，把他秘密介绍到个旧最大的一个马拉格矿区当砂丁（矿工），下矿井背堆（锡矿石）。因为生活条件、工作环境极其恶劣，工人们普遍都有沙眼病，身上长癞疮。李鑫化名施洪祥，他跟工人的关系很好，工人们都亲切地叫他"施大爹"，其实他那时才30岁。郑易里和李鑫在会上相见十分高兴，他们两人的手紧紧地握在一起，现在他们又成为共同革命的同志了。会后李鑫就回矿区去了，没成想这次两个人的见面竟然成了永别。

会后，郑易里根据革命工作的需要也曾到矿山开展活动，可是没多久就被矿山管事发现了，原来当时的矿工解大便后用棍刮或用土块擦，矿山管事在茅厕里发现有用纸擦的，知道外面来人了，而且是文化人，马上开始追查。郑易里知道后，就赶快转移了。

1928年下半年，由于白色恐怖，农民情绪低落，党和农民协会的工作转入地下状态，王德三、郑易里就是在这种状况下前往蒙自、文山一带工作的。1929年，王德三让郑易里在文山负责主持日常工作，刻写、印发、传递文件。郑易里跟着王德山去过查尼皮一带，到倮姑屏边山顶上几家苗族住户和附近的苗族村寨做宣传教育工作，他负责组织内部人员的联系，发送宣传品，起草传递文件和书籍。在此期间，郑易里和马逸飞一起刻写蜡纸、油印出版王德三写的《苗夷三字经》，这本小册子用通俗易懂的语言，宣传、动员当地的少数民族要增强民族团结，号召他们起来推翻剥削阶级，在文山、蒙自一带群众中广为流传和散发，产生了极大的影响，起到了唤醒民众的作用。现在文山市德厚镇洒戛龙就曾留下王德三和郑易里的足迹，那儿有他们当年油印的《苗夷三字经》。

1929年，迤南特委成立，共7人，书记王德三，秘书郑易里，委员李鑫、李静安（即李国定）、戴德明。这期间郑易里跟随王德三在蒙自、文山一带开展工作，郑易里负责会议记录、起草文件、写工作总结等，二人一起分析革命形势，王德三也经常给他讲在莫斯科参加六大时的所见所闻。那时候，郑易里也憧憬着通过大家的团结奋斗，让苏联的今天变成中国的明天。

李鑫、戴德明领导个旧锡务公司工人发起要求加薪和改善工作条件的罢工斗争，斗争取得了胜利。面对轰轰烈烈的工人罢工斗争，厂主惊恐不安，勾结军阀加紧镇压。当李鑫、戴德明准备在矿山组织暴动，计划抢夺矿山警卫队枪支时，有人喝醉酒乱说，走漏了风声，李鑫、戴德明等人被捕，5月份牺牲。

李鑫等人牺牲后，与他们有联系的党组织关系便不复存在，个旧联络点的艾志诚也要调走，省工委便派郑易里去接替他的工作。接到任务的第二天，郑易里就带着浦承绪支援的200多斤宣威火腿赶赴个旧，到了个旧便住在新栅子唐大妈家。那时中共个旧县委书记是李静安，日常工作由郑易里负责，县委会下设城市支部、士兵支部、西区区委、矿山特支等几个支部，有党员30人。

郑易里到个旧时白色恐怖非常严重，稍有不慎，就有被捕杀头的危险。艾志诚走时告诉他一个公开的关系是一家百货批发商号的管事（相当于现在的副经理）杜子明（杜涛的侄子），还交给郑唯一的组织关系是西区的老朱。郑易里到个旧后和老朱接上了关系，又找到杜子明，杜帮他在另一条街上找了一个铺子，开了一间小杂货店，卖点杜子明给的老刀牌香烟和烧酒，还有郑带来的火腿、日用杂品，以此做掩护。石屏的杨东明给他派来两个伙计，由郑当经理，这样铺子就开张了。他们一边卖货，一边负责党的联络工作。那时蒙自的倘甸、小东山、查尼皮，个旧的贾沙，文山的洒戛龙都安排了小学教员（地下党员）。铁路的芷村车站、蒙自车站也安排了人。个旧街、蒙自城、建水城都安排有人工作，农村中逐渐发展了党团员。郑易里经常找一个由石屏到个旧做小生意的女客商替他传递党内的书刊和文件。郑易里除了联系西区朱先生，还负责联系火谷都车站的扳道工党员王某某及小学的部分党员共同开展工作。王德三、张永和等省委同志到个旧来时，就住在郑易里的铺子里。郑易里明知形势险恶，但他在没有接到组织通知的情况下，就坚守在战斗岗位上，谨慎地潜伏着，默默地工作着。

1929年郑易里经常从蒙自回昆明办事。他二哥郑一斋的景明号店里有六七个店员，晚上没事的时候郑易里就跟他们"吹牛"（聊天），讲一些国内、国外的形势，讲唯物辩证法，宣传新思想、新文化，介绍一些进步书籍给他们看。店员们都很爱听郑易里"吹牛"，他们猜测郑易里是共产党，一见到郑易里，他们就问长问短地要郑易里给他们讲共产党的事情，郑易里给这些店员们讲蒙自一带土匪恶霸的事，他们有枪，有自己的团丁，在乡里横行作恶，地方乡民又怎么样反抗、暴动，打死老寨恶霸地主的团首等，还讲苏联十月革命是怎么回事。郑易里的这些宣传工作，对这些店员有很大的影响，店员们明白了许多革命道理，有的店员就被鼓动起来，商量着要到广州等地去参加革命。郑易里有一个表弟听了郑的宣传，连名字也改成了"范希宁"，表示他希望以后成为列宁式的人。最后这六七个店员真的去了广州，一到广州便投入到革命大熔炉中去了，有的还进了黄埔军校。

1929年底到1930年上半年，地下党的活动经费十分紧张，中共云南省委书记王德三授意他的三叔王叔衍邀约浦承绪和郑易里组织了一个财务委员会，由王叔衍总负责，浦承绪和郑易里为财务委员会委员，浦、郑两家都做生意，可以从家里弄点钱来支援党组织。

云南地下党自1926年11月以来，在斗争中迅速壮大成长，到1929年底，在基层及滇军中建立了约26个党支部，党员达390余人。

新年伊始，省委根据党中央武装反抗国民党，开展土地革命的总方针，抓紧组织武装暴动和在滇军中的兵变工作。1930年2月中，党领导马关八区30余村的农民举行暴动，反对沉重的地租剥削和苛捐杂税，反对民团提取民间自卫枪支。地下党在滇军中散发红军的《告云南士兵书》，引起了强烈反响。滇军士兵纷纷议论"朱、毛的主张是不错，我们找机会到红军中去"。在党的宣传影响下，滇军99师的一团士兵在蒙自闹饷哗变。不久，又发生了98师军士教导队及卫士队百余人哗变。

党的军事武装工作的开展，引起各地豪绅地主的极度恐慌，纷纷联名通电省政府告急，要求镇压共产党组织的武装暴乱。国民党云南当局决计不惜一切手段，扑灭云南地下党。3月11日，国民党云南省党务指导委员会成立，派出各路"鹰犬"，大肆跟踪搜捕共产党员和进步人士。省长龙云下令凡形迹可疑者，不论有无证据一律拘捕。白色恐怖顿时笼罩了春城。

这时，承印国民党云南省党务指导委员会机关报《民国日报》的开智印刷公司，因报纸出版延期受到追查，开智印刷公司工人彭祖祜（省委交通员）经不住白色恐怖的威吓，自首叛变，供出了省委候补委员陈家铣和团省委委员兼交通员朱晓光，为敌人破坏云南地下省委提供了突破口。后云南地下省委委员陈家铣被捕，被敌人用5000块大洋收买叛变了，供出在昆明的省委机关地址。于是敌人开始了大搜捕，地下党的机关被破坏，很多党员被捕。

被捕的人中不断出现叛徒，致使敌人搜捕的范围不断扩大和深入。郑易里在个旧开杂货店时，叛徒陈家铣去过他那儿，知道那儿是地下党的联络点，当然也清楚郑易里的党员身份。这使郑易里和浦承绪的处境变得十分危险。财委组长王叔衍得到陈家铣叛变的消息后，马上通知郑易里和浦承绪赶快采取隐蔽措施。这是一个万分危急时刻，正当军警前往郑易里家搜查时，被浦承绪在驻军里任连长的哥哥浦承纲抢先一步，他亲自带了一排全副武装的士兵将郑易里、浦承绪护送出了昆明边界，使郑易里和浦承绪得以在最后关头逃脱抓捕。

郑易里和浦承绪一起逃到浦承绪的家乡宣威，那里地处山区，远离铁路线，是临近贵州的边远山区，很安全，于是他们就在那里躲藏了数月。这段时间，浦家人给郑易里非常周到热情的照顾，郑易里也非常感激浦家，他在浦家经常向浦家兄妹宣传革命思想，与浦家兄妹建立了深厚的情谊。后来在郑易里的影响下，浦承绪的三个妹妹（浦代英、浦石英、浦琼英）全部奔向革命圣地延安。

由于叛徒的出卖，中共云南地下党被彻底破坏，郑易里与党组织失去联系。当社会上风声稍缓，郑易里便由浦家安排，扮作生意人，绕开大道，跟随马帮翻山越岭，风餐露宿于山中，度过了几十个日日夜夜，靠双脚走过1000多里，最后到达盐津。盐津是云南北部的一个税收关卡，邻接四川，当时的税务局长是中共地下党员唐用九，而唐用九和郑易里的二哥郑一斋是多年好友，唐用九当即想办法为郑易里掩护身份，并给了郑易里一些路费，在他的帮助和接应下，郑易里顺利进入四川境内，经筠连、高县、宜宾到达了重庆，然后又转水路抵达南京，最后安全到达了上海。

在上海的日子里

　　人往往以神话中的普罗米修斯比革命者，以为窃火给人，虽遭天帝之虐待不悔，其博大坚忍正相同。

——鲁迅

　　鲁迅把翻译介绍马克思主义理论，比喻为希腊神话中的英雄普罗米修斯为人类"窃火"，使人类摆脱黑暗，郑易里就是在黑暗中国出现的"窃火者"之一。坚忍不拔，百折不挠，这就是郑易里"窃火"的精神。

长沙商栈故事多

1930年，郑易里几经周折辗转到了上海。郑易里安顿下来后，给昆明的二哥写信报了平安，二哥给他汇钱，要他利用在上海的有利条件为昆明的景明号办货。在美英共有的公共租界商业区法大马路（今金陵东路）有一个长沙商栈待租，郑易里觉得这个商栈离外滩很近，交通方便，便租了下来，开始了他的商业生涯。他同时在长沙商栈斜对面租了一个临街的里外间的房子住，里间是卧室，外间是客厅兼餐厅。这样商住分开，既能互相照应又安全。

郑易里把长沙商栈办成云南土特产批发点，除了批发昆明景明号运来的商品，还批发代销五哥郑重品发来的云南大头菜、浦家发来的宣威云腿罐头等，这些商品在上海的销路非常好。同时，他为景明号在上海签订一些代理、代销的业务合同，使景明号从经营杂货逐渐发展为专门代理、代销上海名牌烟草公司的名牌香烟的经营店，这些公司生产的白金龙、黄金龙、红锡包、白锡包、金片、炮台等名牌香烟在昆明的销路非常好，另外还有颜料、棉纱等上海轻纺产品在昆明的销路也相当不错，景明号因此财源滚滚。郑一斋在昆明置了多处房产，并多次资助教育事业和民主进步事业，成了昆明有名的开明绅士。

郑易里在上海期间继续参加"反帝大同盟"的工

作，并用自己做生意的有利条件做掩护，营救、帮助革命同志。撤离昆明到上海的党员，大多数都到郑经营的长沙商栈来，大家都知道郑易里在云南是地下党员，而且他有条件提供生活费和吃住。在上海的长沙商栈里，虽然大家都没有组织关系，但友谊还是很深的，大家都以同乡、朋友的私人关系密切来往。先后来到上海与郑易里联系的有艾思奇、王叔衍、刘林元等，郑易里还通过关系设法营救和照顾被捕的同志，经常带些食品去监狱看望他们。

那时，搞"飞行集会"是上海中共地下党组织城市斗争的主要形式之一，就是选择人群密集的地方发表演讲、散发传单，然后立即飞快地四散跑掉，目的是显示中共地下党的存在及在群众中的影响力。郑易里和艾思奇就经常去参加这样的集会，因为长沙商栈就在外滩高楼大厦后面一条僻静的小马路上，活动结束后，他们能很快跑回长沙商栈隐蔽起来，然后两人边喝茶，边下棋，等外面军警特务都撤了，一切归于平静，艾思奇再回家就很安全了。但是有一次郑易里在散发传单时不小心被抓了，给关到先施公司后面的警署里，警察讯问时，他始终不承认自己是来参加飞行集会的，坚持说自己是路过，看见别人散发的传单，不知是什么内容，便拿着看，觉得内容没意思就扔了。警察拿他没办法，关了他三四个小时就把他放了。

1930年，郑易里在上海安顿好不久，就有一个人从昆明到上海的长沙商栈找他，这个人就是聂耳。聂耳因在昆明积极参加地下党领导的活动，引起国民党当局的注意，为躲避当局的迫害，他便由昆明来到上海。郑易里在玉溪见过聂耳，聂耳的三哥聂叙伦娶了郑易里的大侄女（即郑的二哥郑一斋的大女儿），郑易里与聂叙伦的关系非常好，虽然二人是叔侄辈分，但二人就像亲兄弟那么要好。聂耳这次去上海避难，当然聂叙伦要把他的弟弟托付给郑易里。那时，尽管郑易里（24岁）只比聂耳（19岁）大5岁，但论辈分却比聂耳长一辈，聂耳又是初到上海，样样事情都要依靠郑易里。聂耳因为年轻，不会安排生活，不管有工作还是没工作，钱都总是不够花，郑易里在上海跟二哥郑一斋合伙做生意，手里有钱，必然在经济上要照顾着聂耳。那时的上海是物欲横流的花花世界，不谙世事的年轻人很容易受其诱惑而堕落。那时，郑易里在虹口区"反帝大同盟"工作，聂耳一到上海，郑易里就介绍聂耳参加了闸北区"反帝大同盟"，还告诫聂耳：工作再忙也不能放弃学习，尤其是外语。

聂耳1930年夏到上海，至1935年春赴日期间，跟郑易里的联系一直很密切。在他的日记里，多次出现"郑""雨笙""笙""七叔""重良"等字样，那都是指郑易里了。

1932年的"一·二八"事变对聂耳的思想有很大震动，促使他再次探索自己的人生道路。这一年的4月聂耳与中国左翼戏剧联盟负责人田汉见面，并开始了他在"左联"的活动。"左联"，即1930年在上海成立的左翼作家联盟的简称。为了抵制国民党对国统区实行的文化围剿，地下党组织认为有必要把进步作家团结起来共同对敌，为此成立了"左联"。很快"左联"就不光是作家了，还吸引了社会科学界、电影戏剧界、美术界、教育界、语言学家、音乐家等大批左翼文化青年参加。郑易里经常在经济上支持"左联"的活动。聂耳参加"左联"后，认识了不少文艺界的朋友，都是些年轻人，一到节假日，聂耳就带着一帮年轻人到郑易里家里玩，吹拉弹唱很是热闹。郑易里年轻时三弦弹得很好，自然能跟大家玩到一起。这些年轻人平时在单位里，老板只给一顿饱饭吃，清汤寡水的，工资又低，下不起馆子。可是到了郑易里家就不一样了，他很会做菜，大家趁机在他这儿打牙祭。大家尤其爱吃他藏在床铺下面麻袋里的云腿罐头，在这群年轻人中有一个十六七岁的女孩，叫周苏菲（后去延安，嫁给国际友人马海德），她是"艺术工映社"的演员，一到快吃饭时就嚷着："七哥，火腿罐头，火腿罐头！"看来他们在郑易里家比在自己家还自在呢！

周苏菲所在的"艺术工映社"也在"左联"的领导下，同时也是掩护地下党进行活动的场所。在那儿开会时，郑易里也经常去参加，周苏菲是管望风的，一旦发现有特务盯梢，不安全了，就要通知会议赶快停止，大家便装作在一起玩啊或正在工作的样子，或者从后门赶快疏散掉，然后就要策划赶快搬家了。当时几乎一两个月就要搬一次家，而郑易里的家很稳定，他出来进去都是西服革履，一副商人的模样，不引人注意，所以一些要紧的东西，像搞革命宣传用的油印机、油墨什么的，有时就存放在郑那儿，郑易里家其实就是一个秘密联络的总站，他们在郑易里家也开过好多次会。"艺术工映社"搬家时，两名女士负责转移油印机，其中就有周苏菲，郑易里帮她们叫上一辆三轮车，周和另一女孩在车上坐好，把油印机搬出来，放在她们的脚底下，腿上再盖上一条毛毯，就看不见东西了，非常安全。

郑易里在和聂耳的交往中，发现了聂耳从生活中感悟音乐旋律的天赋，便启发他说："在音乐上，你没有发掘出来的能力一定还很多。比如歌曲吧，你既然不满意黎锦晖，可想见你已经具有一种潜能，这潜能已在你心中发痒，使你对歌曲怀有新的要求，你不妨找本作曲的书看看，练习一下。"郑易里的一番话为闷在黑暗中找不到方向的聂耳打开了一道射入阳光的天窗，聂耳茅塞顿开，便找一些与作曲有关的书来看，练习作曲。聂耳在联华影业公司也干得越来越顺手了，才几个月的工夫，就从场记做到音乐股主任。还为电影《母性之光》创作了插曲《开矿歌》，受到导演和观众的好评，这是他创作的第一首电影歌曲。至此，聂耳的音乐天赋开始放出异彩：他为电影《渔光曲》配乐，为话剧《饥饿线》作了插曲《饥寒交迫之歌》，作了儿童歌曲《卖报歌》……，聂耳的音乐创作便一发不可收拾了。其中最有名的一首是为影片《风云儿女》作的主题歌——《义勇军进行曲》，新中国成立时，被定为中华人民共和国国歌。

聂耳的革命活动，很快就引起了国民党的注意，遭到国民党的追捕，当时聂耳的好友张天虚（张鹤）也因遭到国民党的追捕而做好了赴日的准备，于是他俩决定结伴前往日本。1935年4月，聂耳临去日本前，把自己暂时不用的物品，包括日记、信件、照片等都交给自己最信任、最亲近的长辈郑易里保管。郑易里则细细地嘱咐他到日本应该注意的事，他俩谁也不会想到这次分别竟是诀别。20世纪50年代末，郑易里把这些物品提供给《聂耳》电影编剧，一直到今天，这些材料都是研究聂耳的重要资料。其实，郑易里就是站在聂耳身后不断督促、不断鼓励和推动他前进的人，聂耳年轻的生命因此而绽放出绚丽的光彩。

1931年中国共产党中央政治局候补委员、特委委员顾顺章叛变，上海的地下党组织遭到严重的破坏，许多共产党人被捕、被杀。在上海，国民党的警车日夜轰鸣，军警到处打、砸、抢、抄、抓，一片白色恐怖。郑易里虽然是以商人的面目在社会上露面，但他的心里还是向往着革命，向往着怎样尽自己的努力来改变中国的落后面貌，并尽自己所能，做一些对革命有利的事情。长沙商栈，除了迎送云南地下党的同志外，后来还与苏北等地的新四军及进步青年和有识之士有着密切的联系，所以在上海投奔新四军的不少人是通过长沙商栈和后来的读书生活出版社的关系转送出去的。

郑易里做生意，手里有钱，但他并没有沉迷于大都市的声色犬马，而是利用租界的有利条件抓紧学习。他坚定地认为中国要改变愚妄迷信、毫无现代科学知识的面貌，必须学习外国的先进思想和科学技术，所以他除了继续提高自己的英语和日语水平外，还自学俄语。他越学越觉得不同的语言之间有很多相通的地方，而且边学边找一些原版书来试着翻译，做到学以致用。他还对汉字查字法产生了浓厚的兴趣，他觉得当时的汉字字典查阅很费时，一有空闲他就琢磨怎么能把"方块字"重新排队，既不按偏旁部首，也不按四角号码，而是用一种新的更简单的方法来查字。他曾经给报纸投稿，提出汉字6笔画（点、横、直、斜、弯、扭）说，主张汉字应该按照笔画顺序排序检索，用这种检索法来编字典，查字速度能大大加快。他还梦想着有一天汉字也能像英文那样用打字机快速打出来，这一想法竟成为他为之奋斗毕生的事业。

1935年，为了团结广大青年知识妇女共同参加抗日救亡活动，在中国左翼文化界总同盟曹亮（中共地下党员）的领导下，由陈波儿、吴佩兰、郁风（郁达夫之女）、熊嶽兰（上海复旦大学新闻系学生、曹亮的爱人）、吴家蓉（当时是艾思奇的女友）出面组织了上海青年妇女俱乐部，参加的人有黎丽丽（钱壮飞的女儿）、白薇、蓝萍、谢冰莹、关露、熊约春（熊嶽兰之妹）等数百人，后来也吸收男士加入，郑易里就参加了这个俱乐部，他们聚在一起，油印传单、贴标语、上街游行、举办上海妇女补习学校。郑易里在这里认识了湖南姑娘熊约春，他被熊约春的美丽、善良、细心、大度所深深吸引。当他得知熊约春是一间药店的售货员时，郑易里为追求熊约春便天天去那间药店买药，趁熊工作不忙的时候，跟她聊天。熊约春被郑那双明亮的眼睛和幽默的话语所打动，在郑易里的执着追求下，他们结婚了，那一年，郑易里31岁，熊约春19岁。

　　婚后，郑易里离开长沙商栈对面的住所，买下了西爱咸司路正蕃小筑7号（现永嘉路369号）的房子。正蕃小筑是紧邻中国中学的一条小弄堂，里面有4排房子，每排房子有两户人家，7号在弄堂顶头的第4排。每户房屋的格局都是一样的：三层楼，楼顶是平台，每层楼都有一大一小两个房间。房前向阳面是小花园，有高高的铁网围栏围着。户门在房后，一进门，左边是厨房和楼梯，右边是卫生间，里面有澡盆、抽水马桶和盥洗池。正对大门和楼梯

1937年郑易里和熊约春

口的是一大一小的两个房间，大间有通往花园的门，可作起居室，小间可作餐厅。在二楼和三楼之间有亭子间，可作储藏室。二楼、三楼各有一大一小两个房间，共4个房间，可作卧室、书房、客房。三楼有通往房顶平台的楼梯。在平台上，可以晾晒衣服，可以乘凉喝茶。总之，这是一处居住舒适且宽敞的房子。郑易里的生活也就此翻开了新篇章。

读书生活出版社的成立

读书生活出版社1936年2月成立于上海，1939年出版社总部迁重庆，改名为读书出版社，根据中共党组织的安排，1948年8月读书出版社在香港与生活、新知书店合并成立三联书店。1951年，在出版总署的安排下与人民出版社合并，1986年三联书店又从人民出版社分离出来。读书生活出版社从1936年成立到1948年合组共12年的历史，这12年里，它为中国人民的抗日战争和革命事业做出了不可磨灭的贡献，其中郑易里的贡献更是功不可没。

读书生活出版社的前身应追溯到1934年的《读书生活》半月刊。

1934年，中国革命力量遭到国民党当局的严重摧残，日本帝国主义侵占了中国东北和热河，并步步紧逼平津。在白色恐怖极其严重的上海，《申报》（当时在中国影响最大的报纸之一）流通图书馆馆长李公朴和柳湜、艾思奇、夏征农等为辅导青年自学，在馆内设立了"读书指导部"，还在《申报》开辟了一个"读书问答"专栏，为读者解答读书和生活中的疑难问题、推荐读物、提供各种各样的知识，该栏主要撰稿人有艾思奇、柳湜、曹伯韩、高士其等。凡是有关哲学和科技知识的解答文章，都出自艾思奇之手。艾思奇于1928年跟郑易里等人一起从日本回国后，于1930年再次回日本学习，1932年秋从日本回到上海。1933年秋，到溆漳中学教地理，并给报社的"读书问答"栏目写一些文章，他的文章很受读者欢迎。"读书指导部"的几位编辑，常常从读者那儿得到启发，分析读者提出的各种问题，进而针对读者的思想，归纳分类，有计划、有步骤地自行出题，自行解答，这就进一步加强了对读者的宣传教育工作。

"读书问答"越办越出色，成了当时最受青年读者欢迎的一个专栏。但是，由于形势的发展，国民党当局加紧了"文化围剿"，对《申报》施加压力。尤其是1931年的"九一八"、1932年的"一·二八"事变以来，《申报》老板上海报业大亨史量才更坚定了自己的立场，把《申报》办成了抗日救亡、反对内战、反对蒋介石独裁统治、要求实行民主的阵地。他不畏权势，坚决回绝了蒋介石的拉拢、利诱。他的凛然大义，令蒋介石恨之入骨。但因《申报》机构地处上海租界，国民党政府又奈何不了他。随着政治形势的险恶，李公朴与史量才商议在《申报》的"读书问答"栏目未被查封前，主动停刊，而由原班人马，另开辟一种篇幅较大的杂志来更好地做宣传工作。

1934年11月10日《读书生活》半月刊正式在上海创刊了。以原班人马编辑出版的《读书生活》半月刊，坚持了"读书问答"原有的宗旨，还兼出一些辑文成书的小册子和其他新思想著作，仍由李公朴任社长，艾思奇、柳湜任主编。

令人始料不及的是，一代报业宗师史量才于1934年11月13日下午2点20分乘"斯蒂旁克"牌防弹车从杭州返回上海途中，在海宁翁家埠被戴笠所指挥的军统特务杀害。从1931年柔石等23位文化界革命志士被杀，到1934年史量才被刺，可以看出反动当局对进步文化的围剿已经到了无以复加的地步。

史量才被害后，《申报》马上被反动当局控制，因《读书生活》半月刊已经脱离《申报》，所以才暂时得以生存。

1934年艾思奇任《读书生活》半月刊主编期间约郑易里参加一个聚餐会，每星期上菜馆聚餐一次，参加的人有郑易里、曹亮、王达夫、熊嶽兰等七八个人，在座的都是文化界的进步人士，大家边吃边议论国内外的时事问题。当时李公朴是上海文化界的知名人士，很活跃，加上工作班底强大，所以《读书生活》半月刊办得有声有色，受到读者欢迎。

1935年12月，《读书生活》半月刊已经出到第三卷第一期了，李公朴等人开始考虑自办发行《读书生活》半月刊，大家开始积极地学习并积累发行书刊的业务经验。在广大读者的支持下，《读书生活》半月刊在险恶的政治环境中逐渐壮大起来了。

1936年初，李公朴、柳湜、艾思奇等人决定仿照生活书店办一个独立的出版社，以便把读者紧紧地团结在自己的周围，更好地把作者和读者联系到一起，使读者有更多质高价廉的书读。

1936年2月，李公朴租下了静安寺路斜桥弄（今南京西路吴江路）71号的房子，作为读书生活出版社的社址。为了有一个满意的招牌，还特意请沈钧儒先生的叔父沈卫（1862～1945，曾在1894年中殿试三甲第二名进士，授翰林院编修，1900年为甲午翰林简放陕西学政史）书写了"读书生活出版社"7个字的牌匾，招牌上的7个字，浑重端庄。当崭新的招牌挂出时，一个新的出版社诞生了。这时出版社的内部机构大致是：社长李公朴，经理柳湜（常来办公），编辑部艾思奇、陈楚云、高士其（住在社里），郑易里、胡绳、曹伯韩、廖庶谦等是经常撰稿人，出版部有周巍峙、徐逸，营业部有万国钧、张季良、李自强、赵子诚、洪涛、沈淦三，总务为李克金、卜朝义。

最初《读书生活》半月刊由上海杂志公司总经销，现在由读书生活出版社自己发行。尽管遭到国民党当局的压迫、封锁，每期最少也能销售一万份，多的时候可以达到两万份。《读书生活》半月刊从1934年11月创刊到1936年11月第五卷第二期被查禁，共出版了50期。

读书生活出版社在成立之初出版了两本很重要的书。

一本是《大众哲学》，艾思奇把在《读书生活》半月刊"哲学讲话"栏目上发表的文章，经过必要的修改，集结出版了一个单行本，起名为《大众哲学》。这本书用通俗易懂的语言、通过每个人身边经常遇到的事情，来讲解哲学的基本原理，使广大进步青年认识到哲学并不神秘莫测、高不可攀。很多读者受到这本书的启蒙，产生了学习马克思主义的兴趣和要求。所以这本书一出版，就受到了读者的喜爱。

另一本是艾思奇、郑易里合译的《新哲学大纲》，是从《苏联大百科全书》中，由多位专家讨论，米丁执笔写的《辩证唯物论》一节翻译过来的，这是一本系统讲解马克思主义的专著，是中国第一部马克思主义经典著作的中译本。读书生活出版社1936年6月出版此书，艾思奇在《译者序》中推介这本书时写道，"本书是一部价值最高的，现阶段哲学发展的里程碑的著作"，"用了十几位新近哲学家的力量，准备了两年多的工夫，原著才算完成。内容的精粹，由此也可以想见了"，"这本书的出版，使中国目前新哲学上的争论问题也可以得到一个正误的标准。"

后来《新哲学大纲》再版时，郑易里在补正增订版序（1938年9月15日）中写道：

《新哲学大纲》

　　这本书出版以后，销路很好，这使我们一方面觉得高兴，一方面觉得惭愧。高兴的是喜欢哲学、认识哲学，进而认识现实发展变化的朋友，是一天一天加多了。惭愧的是，这本书有许多错误以及译者疏漏的地方，一直到第四版，都不能在本文中加以改正，只能做成一张最不便当而又最令人讨厌的正误表，附在书的最后一页。因此我们才决心在第五版时重新改排，想使它没有一点错处；一方面又增加了《苏联大百科全书》当中的另外一篇——《观念论》，作为附录，想使它成为一个内容完美的哲学译本。

　　但是事情常常是不能处处与理想吻合的。第四版以前正误表中所有的错处，虽然是在改排的第五版中改正了，但新的错处又产生了。为了种种关系，又只好做成一个讨厌的正误表，附在书的最后一页。这个正误表中只列举出一些必须改正的地方，还有一些地方（例如马克思和马克斯，恩格斯和恩格思，马赫和马哈，托洛茨基和托罗斯基、谢林和雪林、根元和根源、人民主义者和民粹派等等。又如共产主义 [communism] 仍旧作康敏主义）那只好留待以后再改排的时候去修改了。我们希望这本书能达到尽善尽美的目的，所以我们欢迎爱好这本书的朋友尽量指正。

这里，要特别感谢郝子、刘执之二先生，他们在以前各版中曾给本书校正了许多地方。我们尤其感谢郑效洵先生，他不惟使本版改正了正误表中列举出来的许多错处，而且还贡献了我们一些新的意见（如做索引等）；我们希望能在以后再版时实现这个目的。

最后还要感谢冰生先生，他知道我们快要再版，特别指出了几个译错的地方。除二四八页一行二行四行七行及三四八页四行五行六行已全部改排外，其余的也只好列入正误表中去了。一件事业的美满的完成，常常要依靠多数人的同一立场的协力；我们合译的这本书，也正需要这样做。

从这里我们可以看出郑易里做事的认真和追求完美的精神。

郑易里之所以要翻译出版《观念论》，在《观念论——新哲学大纲新增附录》"小引"（1938年4月8日）里他说得很清楚，他写道：

> 《新哲学大纲》出版以来，受到广大读者的欢迎，不到一年的时间竟销行四版，这是我们意料不及的。这次的第五版，我们把它全部校勘一遍，重新改排，并且增补了一个附录。这个附录就是这篇《观念论》。观念论是与辩证法唯物论成为敌对的哲学派别，在现代反动阵营中，它依然发挥着它的蛊惑作用。我们为要和它斗争，必须撕破它的鬼脸，使每个人都能认识它的真面目。所以这篇东西的增补，是有它的意义的。
>
> 这篇《观念论》也是《苏联大百科全书》中的一条。执笔者系 V. 赛夫金（V. Schefkin）。他用最简练的笔调将古代直到现代的各种各样的观念论，在叙述中批判了它那错误的理论的根源。除全篇作为附录入《新哲学大纲》第五版外，现在又另把它印成单行本以便读者单独购阅。

当时，社会上流传着形形色色的唯心主义哲学和"托派"冒牌的"马克思主义"哲学，这些都要用马克思主义的哲学观点去批判和揭露。《新哲学大纲》和《观念论》起到了帮助读者进一步学习辩证唯物主义、提高理论水平和识别能力的作用，很多读者往往买《大众哲学》的同时还会买一本《新哲学大纲》。当然，这样的书也绝对是国民党政府查禁的对象，出版社只能把书放在柜台下面，有人要买时才拿出来卖。这两本半公开销售的书，居然比放在柜台上公开销售的书还畅销。《大众哲学》前后共印刷了34版！《新哲学大纲》前后印刷了14版！这两本书畅销的情况在当时的书店是绝无仅有的。在今天的书架上，这么畅销的书恐怕都不多。之所以出现这种情况，说明在当时的社会环境下，在一个思想启蒙时期，进步知识分子对新思想、革命思想的渴求。这两本书运到延安后，更是延安各学校学员的必读书目。根据报道，毛泽东在1937年7月和8月发表的《矛盾论》《实践论》里，都多次引用了这两本书的词句。

《新哲学大纲》和《观念论》的翻译出版，是郑易里青年时代进行哲学研究的例证，也是他自学俄语的小试牛刀，同时也看出他坚定地以宣传新思想、唤醒民众为己任的革命立场。

读书生活出版社在这一时期出版的新书还有：艾思奇的《知识的应用》《如何研究哲学》，柳湜的《如何生活》《社会相》《实践论》《救亡的基本知识》，高士其的《我们的抗敌英雄》《抗敌与防疫》，罗稷南翻译的《高尔基论》《铁甲列车》，以群翻译的《新文学教程》《苏联文学讲话》《高尔基给文学青年的信》《怎样写作》，以及《世界文学史纲》（杨心秋、雷鸣蛰译）、《中国历史教程》（刘惠之、刘希宁译）、《数学讲话》（廖庶谦著），周巍峙编的《中国呼声集》（歌曲集）等。另外，重版书《大众哲学》《新哲学大纲》等也占了很大数量。这些书成为20世纪初中国思想启蒙运动的强大推动力。

危难之中拯救读书生活出版社

1936年11月12日上海各界救国会举行了纪念孙中山的活动，主席团成员史良提出：要求国民党当局停止内战、联俄联共、扶助农工。救国会多次同情中共的举动，惹恼了当时急于"清共"的国民党当局，也得罪了上海的日本人。当时，日本驻沪总领事若杉约见国民党上海市政府秘书长俞鸿钧，要求逮捕救国会成员。南京国民党政府于11月23日上午以"危害民国"罪在上海逮捕了7位救国会领导人：沈钧儒、章乃器、邹韬奋、史良、李公朴、王造时、沙千里。因为这7个人都有相当的社会地位，因此被称为"七君子事件"。这一事件再次说明20世纪30年代的民国时期，在政治上并非太平盛世，而是乌云笼罩下的白色恐怖。

发生了"七君子事件"，李公朴被捕，读书生活出版社顿时群龙无首了！《读书生活》杂志也被查禁。出版社原来就没有本钱，靠艾思奇等人向朋友、熟人筹借一两千元做经费，好在纸行和印刷厂可以赊账，等印出书卖了，收回钱再还账。这时，书发不出去，钱收不回来，欠账还不了，资金突然周转不灵，难以维持。外面债权人要债，内部人员的工资发不下来，吃饭也没有钱了，弄得人心惶惶，内外交困，出版社面临倒闭的危机。

当时，上海有100多家出版社，能够顶风冒险出版进步书籍、成为中共地下党文化阵地的只有3家——生活书店、读书生活出版社和新知书店。为了保住这个革命阵地，中共地下党组织找到艾思奇，说明根据当时革命的形势，读书生活出版社这个阵地不能丢，要想尽办法使它存活下去。艾思奇便想到郑易里，郑易里和他二哥在上海做生意，手里有钱，他是不是可以出资金来拯救读书生活出版社呢？正像他想的那样，郑易里明白当时的形势和出版社对革命的重要性，二话不说，马上拿出3000元（法币），解了出版社的燃眉之急。出版社还清了内外债务，安定了人心。

当年出版社的老人说："要不是郑易里出手把读书生活出版社从经济困境中拯救出来，恐怕今天三联书店的历史就是另外一个样子了！"想想，确实是这样的，但郑易里自己从来没有这么说过，他始终保持低调。

读书生活出版社的重组

出版社有了钱，脚跟算是站稳了，但是还缺一个能张罗事、善管理、敢担当的经理。艾思奇跟郑易里商量："李公朴不知道什么时候能出狱，现在虽然不愁资金了，但出版社不能没有头头。最好你来当董事长，我还干主编，咱们再找个人当经理，重新组合读书生活出版社，让出版社继续运转起来。"郑易里听后，马上想到一个人——黄洛峰。

黄洛峰（云南易门县人）和郑易里的认识是很偶然的。郑易里在昆明成德中学读书时，他有一个同班同学叫黄绶申。到三年级时，郑易里和黄绶申已经十分亲密，几乎形影不离。课间休息时，同学们常在课堂外说笑打闹。有一天，一个个子很小、面黄肌瘦的同学，由于论调新异，被同学们哄闹着推到郑易里这边来。黄绶申告诉郑易里，他叫黄凯，才进成德中学，正读一年级，是他的族侄。黄凯就是黄洛峰，当时他又名黄肇元。这以后黄洛峰就经常和郑易里来往，二人相谈甚欢，但不久他就转学到省立一中去了，二人便断了联系，黄洛峰给郑易里留下了深刻的印象。1928年，郑易里回昆明后，参加了反帝大同盟，听说黄洛峰正在易门县地下党的领导下工作，与此同时，黄也间接听到郑易里的一些相关消息。1930年，中共云南地下党遭到破坏后，二人都牵挂着对方，不知道对方是否遭遇不测。

1932年前后，郑易里常住上海，和二哥郑一斋合伙做生意。夏天正热的时候，郑易里陪二哥到南京旅游，偶然在留学归国请愿团内遇到黄洛峰。看到黄洛峰和以前大不一样了，长得又高又英俊，是请愿团内负责人之一，他从事很多社会活动。看到彼此都还活着，两个人高兴极了！可是郑易里还没和他说上几句话，黄洛峰便被跟他一起的同志叫走了。

1933年秋的一天，郑易里正在家中，忽然有一个穿着破旧、瘦骨嶙峋的人来找他，说："你看看我是谁？"郑易里一时没有认出来，仔细端详，才发现这人就是自己时时渴望见到的黄洛峰。黄洛峰刚刚从上海提篮桥监狱里释放出来。他一出狱，便四处打听，找到了长沙商栈的郑易里。

郑易里与黄洛峰小坐一会儿后，便带着黄洛峰去买衣服、洗澡、吃饭，打扮好了，去见艾思奇。恰好艾思奇房东那里有一小间空屋，于是黄洛峰便租了下来，郑易里给他留下生活费，黄洛峰便和艾思奇一起搭伙起灶。在这段时间里，黄洛峰、艾思奇和郑易里几乎天天凑到一起聊天，议论当时的时局。后来黄洛峰的夫人王琳由北平到了上海，黄洛峰便从艾思奇那里迁出，另租房居住。5月生了个男孩，即黄克鲁。

由于生活费的增加，黄洛峰再靠微薄的稿费，已不能维持生活了，迫切需要新的谋生出路。同年六七月间，此时，任国民党军队八十五师参谋长的族叔黄绶申将军来上海，说他驻南京浦镇，临时兼任工区（国防工事）主任，急需一个会计出纳人员，负责掌管银钱，约黄洛峰前往任此职。黄洛峰在上海靠微薄稿费维持生活，现在有这么好的机会，他马上答应前往。同年8月，黄洛峰携夫人和孩子到了南京浦镇。

郑易里、艾思奇和黄洛峰不光是同乡，还是密友，让黄洛峰来出版社任经理，真是再合适不过。可是，他到浦镇才3个月，家庭经济情况刚有了好转的希望，他会同意再回上海吗？郑易里想：不管怎样，先给他去封信看看。郑易里、艾思奇在信中向黄洛峰坦诚诉说了读书生活出版社的困境，由于李公朴的被捕，遇到了政治上的和经济上的空前危机，所以郑重邀请他来担任该社总经理，要求他马上回上海重新组建读书生活出版社。

黄洛峰没有想到郑易里、艾思奇会给他来信，他拆开信一看马上感到这不是一般的邀请，而是时代赋予自己的使命，他没有任何迟疑，立即回信，慨然应允，准备赴任了。

黄洛峰在浦镇的工薪，每月50元，他提出辞呈返沪时，黄绶申十分通情达理，为帮助黄洛峰还债和搬家费用，除月薪之外，又多给300元，黄洛峰留下100元还债，200元准备作为新股投入出版社。他又向黄绶申说明情况，特别说明郑易里、艾思奇等云南老乡们的困境，黄绶申当即答应以800元入股。这样，黄洛峰带着1000元的新股去上任了。

1937年2月，黄洛峰上任了。至此，读书生活出版社新的领导班底为：董事长郑易里，经理黄洛峰，艾思奇、柳湜同任总编辑。董事长是出版社的老大，经理是董事长邀请的。艾思奇、黄洛峰都是地下党员，这4个人组成的领导核心，思想政治方向一致，都有马克思主义的信仰，都拥护中国共产党的抗日救国主张，又都反对国民党的对外屈服对内镇压的反动政策，都热爱革命的出版事业，他们以各自的所长分工负责，各尽其力，所以很快就把出版社全体人员凝聚成一股坚实的力量。出版社其他的骨干人员还有：廖庶谦（负责出版业务和兼做全社的经营管理）、陈楚云、周巍峙、万国钧、赵子诚（刘大明）、李克金、卜朝义、张汉清等工作人员。

在黄洛峰的调整安排下，大家分工明确、各司其职。出版社的墙上悬挂着"严肃、紧张、活泼"，"今日事，今日了"，"努力工作，努力学习"的标语口号，呈现一派新气象。周末或节假日，还举行茶话会，组织郊游踏青，以调剂生活，联络感情。由于采取了以上措施，很快稳定了大家的情绪，大家都憋足了劲儿，要在这片小小的文化阵地上干出一番轰轰烈烈的事业。

中国第一部《资本论》全译本的诞生

重组后的读书生活出版社有钱了，班底健全了，人心安定了，郑易里想：我们总要做点什么，我们一方面要继续出版革命进步书籍，另一方面要办出我们的特色。

当年郑易里30岁、黄洛峰27岁、艾思奇26岁，3个云南籍年轻人在出版社的小屋里谋划着。郑易里痛感中国的贫穷落后，他苦苦思索着变革社会的思想。他在日本求学时，马克思主义的哲学引起他极大兴趣，他有一套日文版的《资本论》，他感到这部书对中国革命非常有价值，干革命光有不怕牺牲的决心还不够，还必须有革命理论的指导，而《资本论》正是这样一部给革命运动指明正确方向的书，它就像火把，给在黑暗中摸索的人们照亮了前进的方向，它是能够引领民众冲击旧世界、建立新社会的一面鲜明的思想旗帜。可是这么重要的一部书，自1867年问世以来，70年过去了，在中国还没有一个完整的译本。3个云南年轻人一致决定首先出版马克思的经典巨著《资本论》全译本，把这面伟大的思想旗帜在中国举起来。他们决定把出版社的方针确定为：

1. 翻译出版马、恩著作，首先出版《资本论》；

2. 编辑出版高级理论刊物；

3. 编写出版社会科学通俗读物。

出版社要宣传先进的、科学的新思想，使其普及大众，深入民心。

一个刚刚成立的小出版社要翻译出版《资本论》这样一部巨著谈何容易。首先遇到的是资金问题，全部出齐三卷本至少需要3万余元，光靠社里这点股本是远远不够的，郑易里考虑到自己跟二哥一起经营的云南土特产商店收益不错，当即表示由自己承担提供资金的重任，痛快地把资金问题解决了。其次是上哪儿去找既懂英语、德语，又有相当高的经济理论水平的译者呢？巧的是，艾思奇的女友吴家蓉了解到她的同学余信芬的丈夫郭大力正在翻译《资本论》，而且他们一家的生活正在窘迫中。真是天遂人愿！艾思奇马上带郭大力去见郑易里和黄洛峰，双方一拍即合，人才问题解决了。最后是政治风险问题，在白色恐怖笼罩下，国民党当局对进步书籍、革命文化的围剿是毫不手软的。郭沫若于1924年从日本回国后，曾计划全文翻译《资本论》，当他为此跟商务印书馆洽谈时，商务印书馆出于当时的政治压力，表示："译其他任何名著都可以，但出《资本论》则有所不便。"委婉地拒绝了郭沫若。这么一个大出版社都不敢承担政治风险，读书生活出版社这么一个刚刚组建、稳定下来的小出版社，敢于承担政治风险吗？3个年轻人经过分析，认为《资本论》是一部学术著作，在英国、日本等国家都出版过，在中国也可以试一试，畏首畏尾，不冒风险，就做不成大事。大家商定，为避人耳目、安全起见，把这件大事叫作"出大书"，一切行动都秘密进行。至此这件事就这么定下来了。

很快，出版社和郭大力签订了出版合同，合同内容为：

一、每月由出版社支付郭大力、王亚南（与郭大力合作的另一位译者）各40元的预付版税。为了使这种支付不受正常业务资金周转的影响，特意提出2000元在银行单立账户，作为专门支付译者预付版税之用。

二、译者排除一切干扰，集中精力按照规定向出版社交稿，以便审核、修改定稿。

三、出版社帮助译者解决工作上所遇到的其他困难。

这个合同大大增强了译者的信心。为了让译者集中精力翻译，没有后顾之忧，郑易里拿出2000元在银行单立账户，作为专门支付译者预付版税的资金保障。这一举措使郭大力备受鼓舞，他满怀信心，全力以赴地投入了工作。

有了钱，出版社里上上下下十分振奋，大家决心齐心协力地大干一场，保证马克思的经典巨著在中国的出版。

在郑易里的主持下，不管人员怎么变动，战局如何变化，出版《资本论》的计划依然按部就班地进行着，郭大力的译稿陆续交来。想不到《资本论》第一卷刚刚译好，战火就烧到了上海。1937年8月13日，日寇挑起事端，对上海发动大规模的进攻，敌机狂轰滥炸，大火在郭大力住地附近（上海真如火车站旁）一连烧了好几天，离他家不远的暨南大学已被炸成废墟，不远的地方是国民党军队的一个司令部，随时有被炸的可能。为了工作不受干扰，郭大力对郑易里说："我的老家赣州乡下还平静，我回老家去继续工作吧。"他把《资本论》第一卷译稿交给郑易里以后，便离开了上海，回到江西赣州，潜心工作，继续翻译《资本论》的第二卷和第三卷。每翻译完一个段落，郭大力便把译好的稿子用小字密密麻麻地誊写在很薄的航空信纸上，一封封寄往上海交给郑易里。当时动荡的中国，邮件快慢不一，有的邮件先发后到，有的后发先到。郑易里倍加珍惜几经辗转后到达手中的稿件，他一边整理译稿，一边用日文版《资本论》对译文进行认真校对。

自"八一三"的战火烧到上海，中国军民的全面抗战再次打响，全国人民同仇敌忾，抗日气氛高涨。在中共地下党的安排下，刚出狱不久回到上海任出版社董事的李公朴与柳湜到华北前线慰劳军队，8月中旬艾思奇和周巍峙去了延安。

在艾思奇临走的前一天晚上，郑易里到艾思奇家与他告别，他们是共同学习、工作了10年的知心朋友，想到一个即将奔赴革命圣地延安，一个留在环境险恶的白区，以后不知何时能见面，而且也不知道各人的命运将会如何。两个人敞开心扉畅谈，有说不完的话，不知不觉已到午夜一点，郑易里只得依依不舍地与他告别。郑易里走在回家的路上，没有想到已经过了战时上海夜间戒严的时间，马路上清街了，郑易里被巡捕带走，在巡捕房坐了一夜。

熊约春那时候虽然很年轻，但在结婚以后，无论在生活上，还是工作上都给予郑易里极大的支持和帮助。在郑易里出版《资本论》《英华大词典》及其他书籍的过程中，不管上海的夏天多么湿热、冬天多么阴冷，熊约春都不顾自己的病体（先天性心脏病），每天和郑易里一起，早出晚归，积极参与校对工作。

出版社楼上住着一位"特殊的作者"，他就是因脑炎后遗症而行动不便的高士其，照顾高士其的任务自然就落在熊约春的肩上。高士其因小脑运动神经受损，说话含混不清，经常流口水；因吞咽困难，喝水吃饭都要用特殊的方法喂，喂不好他就会呛着，造成呼吸困难，很危险。由于全身逐渐瘫痪，关节僵硬，穿衣、上厕所更是离

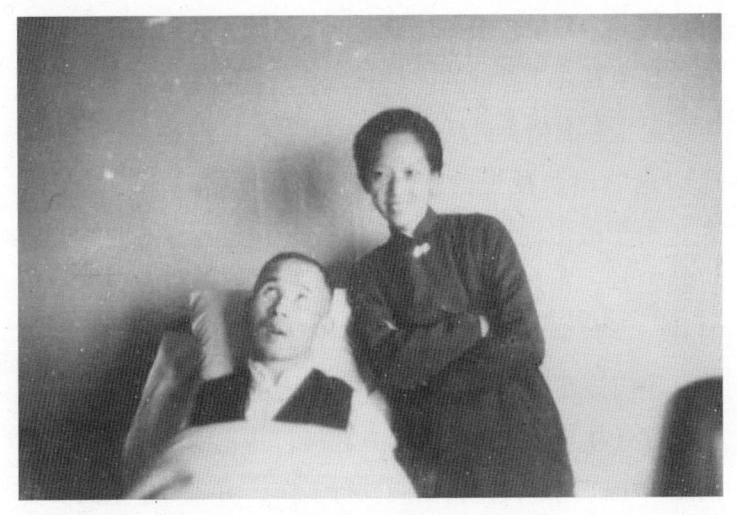

熊约春和高士其

不开别人的帮助。他的手不停地颤抖，写字很费力，经常要靠口述，由别人记录。这所有的一切，熊约春都安排得井然有序，她想尽办法把高士其收拾得干干净净、舒舒服服，饮食尽量做到既有营养，又便于高士其下咽，不让高士其增加新的病痛，所以高士其非常感激熊约春。在这里，他和艾思奇、郑易里夫妇成为莫逆之交。在这里，他经常阅读一些进步书籍，使他思想上有了新的认识。

那段时间，高士其用他那颤抖的手，艰难地写了一篇篇科学小品，向细菌宣战，向社会上的一切蟊贼宣战。他的科学小品既向大众传播了科学知识，又能针砭时弊，唤起民众向反动派做斗争，是一种科学与文学结合、推动社会进步的新形式。他的这些科学小品，后来集结成《我们的抗敌英雄》《细菌与人》《抗敌与防疫》等书出版。1937年，很多进步青年冲破敌人的封锁，奔赴延安。高士其在艾思奇的影响下，不顾病体，也怀着崇高的革命愿望和激情奔赴延安。

这时出版社里的领导就只剩下黄洛峰、郑易里二人。由于战事的展开，敌机的轰炸，上海与内地的交通日趋艰难，出版发行工作受到很大影响。在国难当头的时刻，两位领导一致认为出版社必须坚持下去，不但如此，还应该在抗战中求生存，求更大的发展。他们决定将出版社迁往当时的抗战大后方武汉，并先期派万国钧去打前站。上海则继续坚持出版发行工作，由郑易里全面负责主持工作。留下来负责编辑工作的是罗稷南、郑效洵，财务由刘麿负责，行政工作由张汉清负责，卜朝义、殷荣高协助。郑易里就带着这6个人在上海坚守着，一切工作围绕出版《资本论》进行。

1937年10月，黄洛峰带领徐逸、赵子诚（刘大明）等人和出版社的绝大部分"家底"，到武汉去开辟新的阵地。上海战事已十分紧张，很多航路都不通了，他们只得租了一条大民船，把社里所有的新书和必要的纸型装了满满一船，先到镇江，再换乘轮船至武汉。去镇江途中，不时遇到敌机轰炸扫射，子弹、炮弹不时落到船的周围，幸好没出问题。他们到武汉不久，国民党19路军顽强抗敌3个月，上海于1937年11月失守，12月南京陷落。1938年武汉告急，黄洛峰等人又去了战时陪都重庆。到重庆后，为适应抗战时期的紧张局面，黄洛峰把读书生活出版社的名称简化为"读书出版社"。上海斜桥弄71号就变成了读书出版社上海分社。

黄洛峰、艾思奇的离去,"出大书"的重任就全部落在郑易里一个人的肩上。每天,他除了主持全面工作,还要整理郭大力寄来的稿件,因战火的阻隔,有时后面的内容反而先寄到,他不得不经常整理这些次序凌乱的稿件。整理好后,他就根据日文版《资本论》仔细地校对。郭大力在给郑易里的信中,也时常提出一些自己把握不准的词句,请他对照日文版给出更准确的意译。

在这段时间里,郑易里除自己负责校阅译稿和版面设计外,只请了3名"女将"做中文校对,她们是罗稷南的夫人倪琳,郑效洵的夫人蔡淑英和郑易里自己的夫人熊约春,郑效洵也抽空参加一些校对工作。考虑到一般的校对是从头到尾按顺序一点一点校对,这样会由于习惯一扫而过,产生疏漏,郑易里便要求大家从后向前一个字一个字地校对,来保证校对质量。

慢慢地郑易里已经收存了一大堆航空稿件,而翻译工作即将告成。郑易里高兴的同时心里又开始发愁,如何付印、能不能出版是一个仍然悬在他心中久待解决的问题。出版社地处英租界,上海的其余地区都被日寇占领,租界已经变成被日军包围封锁的孤岛,日伪及国民党特务机关的渗透,使得社会政治情况十分复杂。即便找到愿意接受这项业务的印刷厂,这部革命性甚强的《资本论》又能在中国公开发行吗?正当郑易里为此事担心之时，许广平在上海组织的一个编辑班子，出版了《鲁迅全集》。郑易里听到这个消息高兴极了，马上买了好几套大红布封面的《鲁迅全集》回来，一方面是他十分崇敬鲁迅，喜欢鲁迅的文章，另一方面他也由此得到了鼓舞，看到"出大书"的光明前景。

"出大书"的时间紧迫，黄洛峰又远在重庆，郑易里没有可以商量的人了，一切都得自己拿主意。当他得知上海某些印刷厂业务清淡，愿意承印这本书时，他当机立断，决定加快工作进度，把郭大力从赣州请回上海。为了争取在最短的时间内一次性出齐三卷《资本论》，1938年4月，郑易里发电报给郭大力，希望他能亲自到上海来，完成全书后期的翻译和最后的校订工作，并随时商议、共同处理译稿的排校出版事宜。郭大力回上海后，在出版社简陋、昏暗的房间里，他很快翻译完《资本论》的最后一部分。尽管郭大力10年前已经开始动笔，但进展缓慢，现在在郑易里强劲的经济支持下，在短短两年之内就完成了《资本论》的全部翻译工作。

从译稿转为著作，还要经过一系列复杂的程序才能实现，如开本、版式、装帧设计、纸张、在何厂印制、精装平装、如何发行、如何运输和邮寄等，这些环节存在的困难，在那个战火连天、虎狼遍地的年代可想而知。郑易里曾经考虑是不是能把译稿放到重庆出版，那边阵容强大，比上海相对安全，但是纸张、印刷条件又远远没有上海租界优越。当黄洛峰知道郑易里的困惑时，马上让

1937年在上海读书生活出版社门前。前排右起郑效洵、郑易里、殷荣高、倪琳，后排右一卜朝义，左一李锡山

万国钧到上海协助郑易里工作。万国钧是出版业的行家里手，又是老上海人，商定版式、联系印刷厂、接洽买纸、资金周转和出版业务等等都很熟悉，是读书生活出版社最好的"管家"。郑易里有了这位得力的助手，减轻了不少负担。

出版《资本论》的进度更快了。当郭大力在出版社简陋的房间里赶译第三卷尚未译完的部分时，郑易里已经带领出版社的人员开始了统稿、排版、校订的工作。随排随打校样，紧接着校对，改定了就打纸型，郑易里和郭大力再审阅新排印出来的校样，在郑易里的安排下，大家有条不紊、紧锣密鼓地工作着。当时，上海正值酷暑盛夏，溽热难当，但《资本论》译、排、校、印的程序，像流水线一样运转着。在民族、国家危亡的关头，他们争分夺秒。热天里汗流浃背，挥汗如雨，大家全然不顾，一干人马不计昼夜，全身心地投入工作中。中华民族和国家的命运激发着这些爱国知识分子的使命感和责任心，他们为能参加这场战斗感到光荣和自豪，他们不顾外界政局和战火的影响，不顾天气的炎热，奋不顾身地工作着。郑易里就像一位指挥官，指挥着一队不拿枪的战士，在出版战线忘我地战斗着。

纸型完全打好了，读书生活出版社便在大后方登报办理预定，很多人知道了这部经典巨著的全译本快要出版，于是奔走相告，纷纷到读书出版社预定。有的人是节衣缩食凑了钱来订的，还有不少知名人士，如宋庆龄、冯玉祥、邵力子等人，也来预定了《资本论》。

经过了近百个昼夜的奋战，1938年8月31日《资本论》第一卷在上海出版，随后第二卷9月15日出版、9月30日第三卷也相继问世。这部200多万字的三大卷精装本科学巨著，最终呈现在世人面前。这一版《资本论》共印了3000套，按照郭大力的意见，书的装帧设计尽量和德文原版保持一致。当时因为找不到德文版封面用的那种粗麻布，就改用细纹米色布代替，封面中间套印3厘米宽的红带，红带上突出印有《资本论》三个大字，既严肃端庄，又美观大方。这样，中国第一部马克思经典著作《资本论》的中文全译本终于在上海诞生了！

在上海，除预订者来取书外，还有不少人闻讯赶来。有一位医生买了一套，郑易里问："你们医生也看这种书？"那人风趣地说："鲁迅不就是学医的吗？"还有一位来买《资本论》的老先生，身穿长衫，足蹬布鞋，看上去像一位旧时人物，郑易里后来才知道他就是鲁迅的弟弟周建人先生。第一版《资本论》在上海很快就售罄了。

奔波遇险　短暂团圆

第一版《资本论》印了3000部（每部三卷，共9000册），除1000部留沪分发预定户及零售，其余2000部《资本论》（6000册）装了20大箱走海路往广州运，准备从广州到香港，再从香港转运至内地的昆明、桂林、延安、武汉、重庆、青岛、大连等地。在战时日寇的重重封锁下，只有这一条通途。

令人始料不及的是《资本论》运达广州时，正赶上日军攻打广州，船被炮火炸沉了！运往广州的2000部"大书"在慌乱之中全部损失。重庆方面得知2000部《资本论》在广州全部损失的消息后，黄洛峰当即电告上海郑易里，急速再赶印1000部《资本论》。郑易里知道后心痛

《资本论》1938年初版

不已，这可是大家苦战两年的心血呀！但是也无其他办法，只好再投入资金，继续赶印。

郑易里在为《资本论》的出版苦战数月以后，考虑到战时运输途中的诸多折磨和危险，遂向黄洛峰建议是否可以在重庆印刷。在重庆的周恩来也十分关注《资本论》的印刷和发行问题。黄洛峰便和郑易里商量能否把《资本论》的纸型带到重庆来，二人顺便商量一下出版社的大政方针。

1939年夏，郑易里把《资本论》纸型装在一个大皮箱里，做随身行李，冒着风险，独自闯出了上海。要知道郑易里的身高不足1.55米，提着一个重重的大皮箱，去往比上海还热的香港，还要时刻提防敌伪的盘查，艰难情形可想而知。当郑易里经过香港，在越南海防入关时，他最怕发生的事还是发生了——大皮箱被海防法国殖民当局警察扣押了！他们不认识中国字，以为是走私货。

正当郑易里万般着急无奈之时，他远远发现多年不见的好友乔丕成，他马上跑上前去叫住乔丕成，看他能不能帮忙。乔丕成留法多年，是中共党员，他的法国同学是海防的法国总督，所以中共党组织安排他在海防专门负责海外援助抗日物资的接收事宜。当郑易里知道他认识法国总督时，喜出望外，心想：谢天谢地，真是碰到救星了！经过乔丕成用流畅的法语与法方警察交涉后，乔又亲自陪郑易里去找国民党当局驻海防领事馆，与领事交涉，几经周折，领事才派员陪同郑易里去海关把大皮箱提取出来。郑易里风趣地说："多亏那个陪同的国民党人是个草包，他不知道《资本论》是什么书，方能闯过这一关。要是他知道这是共产党鼻祖马克思的书，别说书遭厄运，我们也就有苦头吃了。"

郑易里又带着大皮箱，乘滇越铁路的窄轨火车到了昆明。故乡是他在上海日夜思念的地方，但是由于身负重任，他只与二哥郑一斋匆匆见了一面，便接着上路了。从昆明到重庆，一路上遇到检查，他都谎称皮箱里装的是小说纸型，才未节外生枝。

当郑易里风尘仆仆安全到达重庆读书出版社时，总经理黄洛峰兴奋地对郑易里说："你到重庆来，周副主席都知道了，他亲自过问在重庆印刷《资本论》的事情呢！这是一件大事啊！"听到这鼓舞人心的话，郑易里心里别提有多高兴了。他们又立即在重庆联系印刷，由于这里条件不如上海，他们只好用土纸印了一批内地版《资本论》。

重庆的同志们久闻郑易里的大名，但从未谋面，一见之下，发现他非常平易近人，说话和气，光从外表上看，大家很难想象出这就是有名的翻译家、出版家。郑易里来到重庆后，工作十分忙碌。重庆的读书出版社有门市部和办公室两处地方，办公室兼做宿舍，没有床铺，大家晚上就打地铺睡在地板上，于是郑易里晚上和大家一样打地铺，和大家谈笑、拉家常，亲如兄长，大家都很敬重他。门市部与办公室（宿舍）相距不远。早起后，同志们便每个人提一根竹竿去门市部上班，这竹竿实为护身的优良武器，遇到国民党特务捣乱时，可以抵挡一阵。在鲁迅逝世纪念那天，出版社同志三四个人提着各自的竹竿，约郑易里一道参加鲁迅的纪念会。如遇到日寇飞机来轰炸，大家则分工明确，抢时间带着各自负责的重要对象（账簿、银钱等）躲警报。星期天，黄洛峰、万国钧、郑易里等几人顺着嘉陵江纤道，听着纤夫的号子声，沿江步行。就这样，郑易里在重庆和革命同志一起自如、放松地住了十几天，便经贵阳、昆明、越南、香港回上海去了。

广泛传播　意义重大

第二批《资本论》印好后，采取分批的办法，改道广州湾的湛江继续发往内地。为确保运输安全，郑易里特派张汉清亲自押运，这次又遭到法国殖民当局扣押，郑易里还是找与法国总督有同学之谊的熟人乔丕成帮忙，辗转相托，从中疏通，才将这批书抢救出来，运到了桂林和重庆，送达预订读者手中。在重庆的预约订户宋庆龄、冯玉祥、邵力子等拿到的都是这次赶制的《资本论》。

黄洛峰在收到《资本论》后除了立即向预订户一一发书以外，还特别寄给当时正在延安的艾思奇。为了将《资本论》完好无损地运抵延安，黄洛峰安排桂林分社的同志与桂林的八路军办事处联系，交"八办"的汽车运，郑易里特派张汉清等同志把几十部《资本论》安置在卡车上最便于保护的位置，直接带到了延安。

这本书受到了毛泽东、周恩来等中国共产党领导人的热烈欢迎，毛泽东看到这一版的《资本论》后，曾经在扉页上的出版时间"中华民国二十七年八月三十一日"下面注明"1938年"，并批注："《资本论》原文版本第一次问世时1867年，在71年之后，中国才出版。"到1954年他再次阅读此书时，在第一卷目次下又注明："1867年距今87年"。

从毛泽东的著作中，反映他对《资本论》是认真阅读了的。例如1941年9月13日他在《关于农村调查》一文中说：

"马克思的《资本论》就是用这种方法写成的，先分析资本主义社会的各部分，然后加以综合，得出资本主义运动的规律来。"

"认识世界不是一件容易的事。马克思、恩格斯努力终生，做了许多调查研究工作，才完成了科学的共产主义。……中国革命也需要作调查研究工作……"

"我们是信奉科学的，不相信神学。所以我们的调查工作要面向下层，而不是幻想，同时，我们又相信事物是运动的，变化着的，进步着的。因此，我们的调查也是长期的。"

1941年5月，在《改造我们的学习》中说：

"应当从客观存在的实际事物出发，从其中引出规律，作为我们行动的向导。为此目的，就要像马克思所说的详细占有材料，加以科学的分析和综合的研究。"（引自《资本论》第二版跋）

1942年4月，在《整顿党的作风》中说：

"马克思不但参加了革命的实际运动，而且进行了革命的理论创造。他从资本主义最单纯的因素——商品开始，周密地研究了资本主义社会的经济结构。商品这个东西，千百万人，天天看它，用它，但是熟视无睹。只有马克思科学地研究了它，他从商品的实际发展中做了巨大的研究工作，从普遍的存在中找出完全科学的理论来，创造了辩证唯物论、历史唯物论和无产阶级革命理论。这样，马克思就成了一个代表人类最高智慧的最完全的知识分子，他和那些仅有书本知识的人有根本的区别。"

毛泽东的文章清楚地说明，他认真地阅读和研究了《资本论》，无论是方法论，还是认识论，都是对《资本论》融会贯通后的运用和掌握。

　　《资本论》运抵延安后，1939年，张闻天在延安学习运动中组织了《资本论》学习小组，参加者有王首道、王学文、吴亮平、王思华、艾思奇、何锡林、邓力群等10余人。规定隔周在张闻天的窑洞里学习讨论半天，从未间断，一直坚持到把《资本论》第一卷全部学完，历时一年多。每次学习讨论均由张闻天主持。第一次由他讲学习体会，着重讲了《资本论》为什么从商品、货币讲起的问题。后来的讨论则由小组成员轮流做中心发言人，每人负责一章。通过学习和讨论，大家提高了马克思主义的理论水平和认识水平，通过联系中国革命的实际，开启了马克思主义的中国化，对指导中国革命发挥了巨大作用。

　　《资本论》于1938年初版便瞬即售罄，很多人向往着买这部书。王惠德（1980年任中宣部副部长）后来回忆这批《资本论》说：“1939年，在延安得到了一部《资本论》，能得到这部书，当时的确很不容易。”陈其五（1978年后任上海市委宣传部副部长）也回忆说：“我们在战争年代很困难，但《资本论》一直带在身边，没有丢掉，一直到进城。”

　　出版社不断接到读者来信，建议再版。为继续供应中国解放区和敌占区，郑易里又增印了3000部（9000册），后来，这个版本又多次在国统区和解放区重印。据不完全统计，共重印六七次，发行总共达3万多部，在国内得到了广泛的传播。

　　郑易里还出版了两种供收藏的《资本论》版本。一种是蓝色布面封皮，正面是"资本论"三个烫金大字，书脊上有手书体"某某珍藏"烫金字样，全部用道林纸印刷，共35部。就目前所知，郭大力有一部"大力珍藏"，刘大明（赵子诚）有一部"子诚珍藏"，范用有一部"鹤镛、仙宝合藏"（夫妻二人均在社里工作），马仲扬（马以光）有一部"以光珍藏"，凌伶有一部"眉叔珍藏"，郑瑞之（郑一斋的大儿子）有一部"瑞之珍藏"，其余的29部今在谁手，不得而知。另一收藏版是三卷合一的褐色漆布封面，书脊上有"知吾藏"3个字，这一版本的出版情况及谁人持有皆不清楚。

在中国第一次出版《资本论》中文全译本，意义重大。这部马克思用毕生心血写成的伟大巨著，第一次完整地呈现在中国读者面前，这不仅是我国翻译史和出版史上的光辉一页，更是我国马克思主义传播史上的一件大事。它的出版，对于宣传革命理论，启发人民觉悟，推动革命事业的发展，起了重要的作用。1982年，国内经济学界的老前辈许涤新曾在一篇文章中写道："我于（1937年）9月初到了上海。一到上海，就听到'读书生活'已发展成为一个独立的出版社，并且准备出版中译本《资本论》。这是个使人多么高兴的事情啊！国际无产阶级革命导师的这部光辉巨著译成中文，那是大革命失败后全国革命青年的热切期望。在那暗无天日的社会里，在那个被国民党反动派摧残得奄奄一息的出版界里，有谁能有条件，把这200多万字的巨著全部译成中文呢？有哪个出版社有决心、有胆量敢出版这一部使资产阶级反动派发抖的《资本论》呢？感谢郭大力、王亚南两位同志的辛劳！感谢读书生活出版社的大力支持……《资本论》中译本的出版，有力地推动了我国社会科学的发展，一直到今天，这个译本还具有重大的价值。"许老的这番肺腑之言，实事求是地反映了这部《资本论》中文全译本对马克思主义在中国传播起到的历史作用。

在第一版《资本论》书末的译后跋中，郭大力这样写道："最后，我们应当感谢郑易里先生，他不仅是这个译本出版的促成者和执行者，而且曾细密为这个译本担任校正的工作。"这是译者对郑易里最朴实也最真挚的评价。郑易里能够完成如此工程浩大的世界哲学经典名著的校译工作，除了他具有极高的外语水平外，更说明他在哲学和文学方面有很高的造诣。

精彩序言道真情

出版《资本论》的工作如此繁忙，但为了更好地介绍《资本论》，郑易里见缝插针地利用一切空余时间，于1938年7月翻译出版了聂奇金纳女士的著作《资本论的文学构造》一书。他在译者序里写道：

> 《资本论》在世界上出现了几十年了，我们
> 都知道它是一部最伟大的名著，但还不大知道它

在被人们称为伟大的以前，曾经历了万万千千的艰难困苦；它的形成，它的各国的翻译，它在大众中间的广大的流传，以及和它所关系到的一切，全都是在艰苦斗争中发展起来的。

　　1849 年 8 月，马克思因被驱逐而由巴黎亡命伦敦，生活极穷困，但热情沸腾，始终都在社会运动的苦斗中过日子。他在这种艰苦的生活中，常常利用大不列颠图书馆，去锻炼他的精神的武器；由此，于 1859 年著成《政治经济学的批判》，这便是《资本论》第一卷第一篇的前身。1861 年回柏林，1865 年又因出席国际会议，复至伦敦。他在这个时期，心绪比较悠闲，乃着手收集材料，

《资本论的文学构造》1947 年出版

写作《资本论》。他打算在这个期间，把《资本论》全部写成，所以他写信给恩格斯说"……全体没有完成以前，决不印行任何部分……纵然难免缺陷，但我要使它成为一个完整的艺术体，这是我这本著作的特征"。1867年第一卷完成后，因为各方面都需要，他才于四月间携带原稿回德国交汉诺威出版。继后，马克思本想把第二卷第三卷已写成的所有草稿加以最后整理，使它继续出版，但因工作忙碌，生活穷困，又因老年多病，一直不能实现最后目的。马克思于1883年3月逝世，这件伟大的工作，是不得不由恩格斯去负担了。他把马克思原草稿加以修改整理和补充，乃于1885年出版第二卷，1894年出版第三卷。地球的形成，曾经过了几千万年的结炼；这部翻转世界的著作，是被马克思恩格斯在二十多年艰苦的斗争生活中完成了。

第一卷出版后不到一年，即有人译成俄文，因受检查耽搁，直至1872年才在圣彼得堡（革命后改为列宁格勒）出版。这是全世界最初的译本。马克思听见这个消息，高兴极了。他写信给索尔格说："前几日，彼得堡某书店主人给我一个消息，说《资本论》已译成俄文，正在排印中，这令人惊讶不止。他要我送他相片，刊在卷首；对于我的好朋友俄国人，这种小事不好拒绝。

二十五年以来，我不断地在德文、法文、英文中攻击俄国，俄国民众处处卫护我，这是我无比的幸运。"俄国民众最初得到《资本论》的广大的照射，他们也最初得到了光明。当俄译本发行以后，法国也继续出版了法译第一卷第一分册。英国直至一八八六年才有译本出版，计自德文原著出版至英译本发行止，当间相隔十九年。英译本出版的时候，马克思已逝世三年了。这期间，《资本论》已成为欧洲资产阶级眼中的可恶的怪物了，马克思的名字，也变成他们眼中最可怕的东西了。《资本论》的根本思想，就像电感那样，由各国工人阶级演说家、政论家的演说和论文中表现出来，它由千百种途径深入到世界群众里面。落后的亚洲，直至一九二七年，《资本论》才算译成日文在东京出现了。中国是更落后了。一直到现在，距原著第一卷出版后已经七十年了，我们看见的，仍只是零落不全而又译笔艰涩的几章（原著三卷共计九十八章），这是我们的极大的不幸。原著到现在虽隔了七十年之久，但中国现在的社会，恐怕还经历着原著当时的欧洲社会以前的阶段。这似乎是表现着老的变小了，小的变老了。老大多病的欧洲资本主义，现在是走着死亡的道路；年青幼弱的中国，却正在这个明镜前面，选择他自己所应走的路。《资本论》是一个巨大的力，他在中国的出现，将使这婴儿似的中国，睁开眼睛，看到光明；张大嘴巴，吼出它历来闷在肚皮里的痛苦。

中国自五四运动以来，当中经过一九二四年一九二七年以来的大革命，一直到现在，文化上都是过着一个启蒙的摇篮时期。这时期内，不惟自己没有什么新的创造（有人自满地说中国变革的自身，就是一个伟大的新的创造），就连更深入的介绍工作都没有。世界各大学说，只传来了一个轮廓，这使人常常发生大致相同的模糊的感觉；有时候，只传来了一个头，这常常使人不满。但我们也常常自慰说，那总比没有的好。也有人说，那还是不如只有一个轮廓的好。轮廓虽然模糊不能传真，但也不致反而弄丑，使人反感。不论如何，这都是中国在启蒙时期中的现实的难免的经历。中国这婴儿，已渐渐在这长远的摇篮时期长大了；他有了更好的胃口，它需要更充实更丰富的食粮，它需要配合着它现在的行动得到更深入的知识。翻译界需要更大的努力，完成他历来未尽的或根本还没有的工作。著作界也需要更大更深入的努力，我们希望今后能够看到一些自己的伟大的创作。柔和的春天过去了；热烈旺盛的夏天到了！中国文化界的花木应该是开花结果的时候了！

以上是《资本论》著作经过及各国译本出版

经过的一个简略的叙述。《资本论》的产生，正像一个新社会的产生一样，它的一切经过，都是斗争的，革命的。它虽受到一部分人的嫉恨，但也受到更多人的欢迎和拥护。它不单是经济学上的宝典，并且是唯物论辩证法的最好的模范。理论上，像钢铁那样紧密，利刃那样锋锐；内容上，像海洋那样渊博丰富；文章上，就像它的真理那样，健全，美丽，动人。聂奇金纳女士著作的这本书，便是对它那美丽的艺术的文学构造的一个最初的研究，这还是《资本论》的未开拓的处女地。这一方面的研究，虽然只有次要的意义，但它供给了我们许多最宝贵的例解，使我们认识到，科学和文学并不是互相对立的东西；两者具有一种共通的性质，两者都是现实的真理的表现。我们可以说，表现得最优美生动的科学作品，那便近乎文学；表现得最现实最正确的文艺作品，那便近乎科学了。《资本论》便是一部能引起读者的丰富的文艺情感的科学著作。希望这一本翻译，能引起爱好《资本论》及这个问题的人的更多注意和研究。

听说《资本论》原著全译本快要在读书生活出版社出版了。所以特别推荐这本书给爱好《资本论》的人们。这本书在对《资本论》的理解上，是可以得到许多帮助的。

这篇序言太精彩了！形象、生动、直击中国社会的弊病，令笔者忍不住要全文展示给众人。

郑易里在这篇序里，不光介绍了马克思怎样在斗争中写成这部巨著，也揭示了《资本论》全译本在中国出版的重大意义，即"《资本论》是一个巨大的力，他在中国的出现，将使这婴儿似的中国，睁开眼睛，看到光明；张大嘴巴，吼出它历来闷在肚皮里的痛苦"，"它不单是经济学上的宝典，并且是唯物论辩证法的最好的模范。理论上，像钢铁那样紧密、利刃那样锋锐；内容上，像海洋那样渊博丰富；文章上，就像它的真理那样，健全，美丽，动人"。

这是一篇宣示马克思主义思想伟大旗帜的檄文，是郑易里长期研究马克思及《资本论》的重要感悟，道出了他为什么要在出版社的幼小阶段首先出版《资本论》巨著的初衷。他在哲学的海洋中遨游，他在思想的高峰上攀登，这对于他是一种快乐和享受，是他人生价值的自我实现。

奋战"孤岛"　亲力亲为

从1936年11月郑易里任读书生活出版社董事长以来，除了出版《资本论》这样划时代的巨著外，还出版了大量刊物，为危难中的中国提供了可贵的精神食粮。这些出版物，在普及马克思主义的基本知识和基本观点、宣传党的抗日救国的方针方面，发挥了极其重要的作用。

1937年10月，黄洛峰率领主力部队去了大后方，鉴于上海租界里的印刷条件好，价格便宜，出书时间短，郑易里又能在经济上提供支撑，黄洛峰便要求他在上海大量"造货"。所以，从1937年到1942年太平洋战争爆发，郑易里负责的上海分社的主要任务就是"造货"。"造货"的"原料"，一部分是郑易里在上海组织的稿件，一部分是艾思奇从延安寄来的稿件，再加上黄洛峰把武汉、重庆畅销书的原稿或纸型转到上海由郑易里秘密出版。不会出乱子的书仍用读书出版社的名称出版，会惹麻烦的书则用辰光书店、北极书店、高山书店、富春书店、鸡鸣书屋、彗星出版社等名称出版。除最大部头的《资本论》外，先后印出了几十种书，主要有《辩证唯物论辞典》《恩格斯论资本论》《资本论通信集》《资本论的文学构造》（郑易里译）；《列宁战争论》，列宁的《社会主义与战争》和《民族问题大纲》，马克思恩格斯的《科学艺术论》和《科学文学论》；艾思奇的《实践与理论》《论中国的特殊性及其它》，陈学昭的《延安访问记》；以及《苏联内战史》《中国及其未完成的革命》《人怎样变成巨人》《扬子前线》《列宁在一九一八》《卡尔·马克思》《列宁传》《斯大林传》等。还出版了林淡秋、蒋天佐主编的《新中国文艺丛刊》——《鹰》，《高尔基与中国》《鲁迅纪念特辑》。重庆的《学习生活》和《文学月报》也寄纸型到上海重印发行。

　　为了"造货"，郑易里要冒着危险找印刷厂想办法印刷，而且重庆方面往往又没有寄来买纸和印刷的费用，由于时局关系，上海分社的营业陷于停顿，没有收入。为了继续"造货"，郑易里还要到处去筹钱。书印刷好了，还要打包邮寄到苏北、青岛、大连、延安解放区，另一部分运到重庆黄洛峰那里，在重庆出售后赚的钱，黄洛峰就留作重庆读书出版社的营业费用了。"货"是造了，但常常回不了本。再加上在苏北大众书店、天长县读书出版社书店和"哲学杂志"的工作，不但需要投入精力和经费，还要处处小心不能出任何差错，否则就会引来杀身之祸。

　　1937到1942年间，是上海的读书出版社最困难的时期。敌人对孤岛封锁严密，根据地也动荡不安。在这一时期，郑易里为出版《资本论》和其他革命书刊，投入了大量资金，因为战争和反动当局的围剿，书籍的损失也很大，他一直用做生意赚的钱支撑着出版社的存在。

　　在国民党反动当局的围剿和日寇的侵华战火中，出版社完全变成了不公开营业的地下出版社，根本没有盈利，能维持给付工作人员的工资就算不错。大家都知道，董事和股东都是要拿红利的，而郑易里这个董事长集撰稿、校对、编辑、组织出版于一身，所有事情亲力亲为，没有红利可拿，自己连工资都不拿，反而为这一战斗堡垒的生存垫付了大量资金，如买纸、印刷、付给郭大力和王亚南的稿酬、工作人员的工资、所有的办公费用、书籍的运输等这些费用都是郑易里垫付的。这些书印刷好后，一部分根据地下党的要求，发往青岛、大连、苏北和延安；另外一部分发往重庆总社，卖书的钱作为黄洛峰所在的总社的经营费用。自1942年太平洋战争爆发，上海的"造货"停顿，但重庆总社还有少量出版。当年，在重庆总社工作的周巍峙说："社里的工作人员都知道：没钱了怎么办？——找老郑！"

郑易里为在上海"孤岛""造货"，共计垫付各种款项达7万元之巨（其中有郑易里的二哥垫付的1.8万元）。从现存的当年的部分借据来看：

借据列表

编号	日期（民国）	金额	用途（原借据备注栏）
1	25 年 12 月	3000.00	重组读书生活出版社还清内外债
2	26 年 4 月 13 日	1000.00	由李子清经手，预付郭、王版税之用
3	26 年 9 月 22 日	40.00	预付资本论版税
4	26 年 11 月 17 日	40.00	预付王亚南 11 月份资论版税
5	26 年 11 月 24 日	40.00	付王 12 月份
6	26 年 12 月 23 日	40.00	预付大力 11 月份
7	27 年 6 月 7 日	500.00	印资（本）论，付科学
8	27 年 6 月 20 日	30.00	付大力用
9	27 年 7 月 2 日	20.00	付人文用
10	27 年 7 月 3 日	20.00	付大力用
11	27 年 7 月 5 日	200.00	付人文用
12	27 年 7 月 16 日	530.00	付科学用印资（本）论
13	27 年 7 月 23 日	240.00	付科学资（本）论用
14	27 年 7 月 29 日	1000.00	买资（本）论报纸用
15	27 年 8 月 1 日	150.00	买向科学资（本）论报纸用（尾数）150 令
16	27 年 8 月 31 日	1000.00	买资（本）论报纸用

（续表）

编号	日期（民国）	金额	用途（原借据备注栏）
17	28 年 1 月 19 日	117.00	付科学用
18	28 年 10 月 26 日	100.00	买纸用
19	28 年 10 月 27 日	2000.00	买纸 105 令
20	28 年 11 月 1 日	1000.00	
21	28 年 11 月 3 日	100.00	
22	28 年 11 月 6 日	100.00	
23	28 年 11 月 6 日	49.16	
24	28 年 11 月 10 日	300.00	
25	28 年 11 月 17 日	1300.00	
26	28 年 11 月 28 日	3976.17	
27	28 年 12 月 2 日	900.00	
28	28 年 12 月 12 日	150.00	
29	28 年 12 月 14 日	300.00	
30	28 年 12 月 18 日	100.00	
31	28 年 12 月 23 日	1100.00	
32	28 年 12 月 27 日	1000.00	
33	29 年 1 月 4 日	150.00	
34	29 年 1 月 5 日	2000.00	
35	29 年 1 月 31 日	2227.38	此款系笙借来，交由昆明景明（号）拨交黄母收用者
36	29 年 2 月 1 日	1100.00	
37	29 年 2 月 3 日	1000.00	
38	29 年 2 月 5 日	59.00	
39	29 年 2 月 6 日	67.36	
40	29 年 2 月 15 日	480.00	
41	29 年 2 月 24 日	200.00	
42	29 年 2 月 28 日	1348.00	
43	29 年 3 月 1 日	500.00	
44	29 年 3 月 8 日	776.07	
45	29 年 3 月 14 日	1500.00	
46	29 年 4 月 11 日	172.00	

（续表）

编号	日期（民国）	金额	用途（原借据备注栏）
47	29 年 4 月 11 日	500.00	
48	29 年 4 月 19 日	400.00	昆明潘石菴汇交筌等拨作书店用款
49	29 年 4 月 23 日	200.00	潘石菴汇交筌等
50	29 年 5 月 21 日	100.00	
51	29 年 7 月 17 日	600.00	汇＊交友筌转运用
	1939 年 4 月 15 日	5000.00	由郑一斋处拿来
	1939 年 7 月 4 日	1000.00	由郑一斋处拿来
	1939 年 9 月 1 日	5000.00	由郑一斋处拿来
	1939 年 10 月 28 日	2000.00	由郑一斋处拿来
	1940 年 6 月 29 日	5000.00	由郑一斋处拿来
52	26 年 2 月 19 日	1000.00	以记名股票形式投入
53	26 年 2 月 22 日	2000.00	以记名股票形式投入
54	26 年 2 月 22 日	20.00	以记名股票形式投入
55	28 年 3 月 31 日	1140.00	此次股份系 27 年 8 月 1 日入进，由上海转来，补给收据
56	28 年 3 月 31 日	1150.00	此项股份系 27 年 8 月 1 日入进，由上海转来，补给收据
57	28 年 7 月 24 日	1000.00	以记名股票形式投入
58	28 年 9 月 27 日	450.00	以记名股票形式投入
59	28 年 9 月 27 日	40.00	以记名股票形式投入
60	28 年 11 月 23 日	1000.00	以记名股票形式投入

　　这些款项主要用于出版《资本论》及大量的"造货"，再就是投入出版社的股金。这7万元巨款是什么概念？在那个年代，办一桌像样的酒席花费是2块钱，如果天天办一桌酒席，一年花费730元，7万元够花近100

1937 年郑易里入股的收据

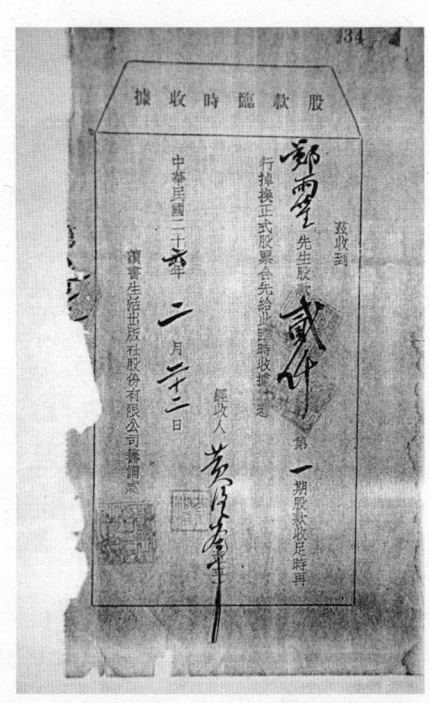

郑易里给郭大力、王亚南的预付款收据

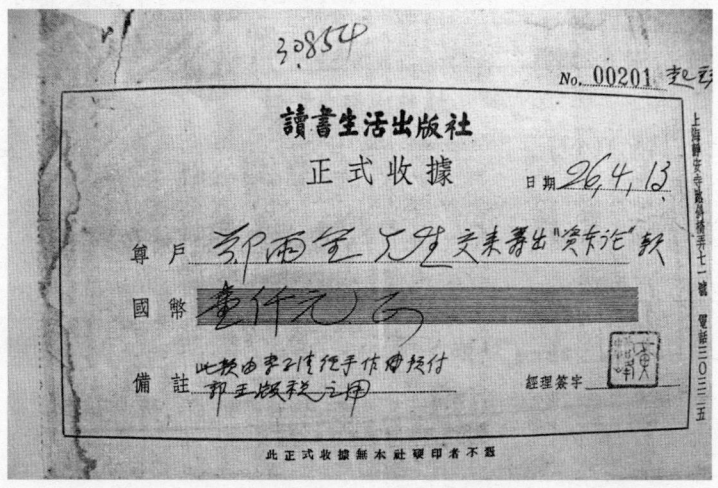

年的。当今，想赚钱的部门喜欢在门前立个貔貅，因为它"只进不出"，能聚财。郑易里恰好相反，为出版社"造货"是"只出不进"，他动用自己的全部经济力量支撑着读书出版社这块革命的文化阵地。

香港分社　大众书店　天长县分店

当时，出版社的书要运往内地必经香港，为转运方便，郑易里考虑在香港建立分社。1939年，郑易里回昆明治病，他从昆明回沪时，带出来两个人，一个是他的侄子郑珉，一个是他的内弟熊岳柏。

郑珉是郑易里大哥郑重贤续娶的妻子郑陈氏所生，郑珉四五岁时，父亲便中年病故，而郑珉的大哥、二哥都相继去世。因为家庭的这些变故，郑陈氏在家庭中十分没有地位，婆婆非常看不上她，孤儿寡母的艰难处境可想而知。母亲没钱供郑珉上学，他只有天天与顽皮小孩扎堆。吃饭是东家吃一顿，西家吃一顿，到谁家挨谁家骂。可以说郑珉是在打骂和穷困中长大的。那年郑易里回昆明治病，看到郑珉这种境况很是同情，觉得不拉这孩子一把，这孩子就毁了。于是他从昆明回沪时，就把郑珉一起带走，那时郑珉只有13岁。

熊岳柏是郑易里夫人熊约春的弟弟，毕业于贵州镇远师范学校，在当地进步青年和爱国群众的鼓励和要求下，曾开设一家新光书店。早在读师范学校时，郑易里就常常给他寄去一些进步书籍、报纸和杂志。有了这家书店，熊岳柏便把郑易里寄来的书报杂志等拿来出租，只收取极少的租金作为增购新书刊之用，然后又请郑易里源源不断地从上海寄来大量新书发售。新光书店只要有新书上架，顾客都是挤进挤出的，不需一顿饭的时间，新书就争购一空了，平时也是生意兴隆。但是这样的日子并没有持续多久，国民党反动派开始搜查新光书店，而且还扬言要对书店下手。17岁的熊岳柏担惊受怕的，不知道怎么办才好。正在这时，郑易里到镇远来了，他准备接夫人熊约春回上海。熊岳柏将自己和新光书店的危险处境告诉郑易里，恳求郑易里带他逃离镇远，并加入读书出版社。郑易里同意了熊岳柏加入读书出版社的请求，带着熊家姐弟俩离开了这座阴云密布的山城。他们离开镇远后的第一站是贵阳中华南路57号。这是读书出版社和新知书店联合经营的一家书店。郑易里和熊岳柏在这里停留了一个星期。郑易里告诉熊岳柏没事的时候就到门市部去遛遛，帮着照顾好读者，这样熊岳柏提前熟悉了出版社的情况。一个星期以后，他们坐着一种走起来呜呜直叫的烧木炭老爷车到达了昆明。

由于当时反动派的势力很大，要在内地出版进步书籍，条件是很困难的，一般的印刷厂不敢排印。为此，重庆总社最终决定到上海去印书，然后通过香港转运内地，来供应出版社设在各地的门市部，这就需要在香港设立一个门市部，来负责转运和海外的销售。于是1939年7

月郑易里带领熊岳柏、郑珉到香港设立读书生活出版社香港分社。

郑易里带着熊岳柏、郑珉坐火车经滇越线到海防，再坐船过北部湾，来到了海外孤岛香港。郑易里在香港中环摆花街33号三楼租下了一间写字楼，这就是香港分社的所在地了，然后又给熊岳柏和郑珉交代了香港分社今后的任务：主要是设法转运从上海发来的书去供应设在国内各地分社的门市部；同时，也要开展香港当地（包括九龙）和海外的本版书的发行工作。至于具体办法，就靠熊岳柏和郑珉自己去动脑筋了。

郑易里在香港安顿好熊岳柏和郑珉以后，就准备回上海了。临走前，他带熊岳柏去九龙走了一趟，探望当时住在九龙养病的高士其。1939年高士其在延安终于成为一名光荣的共产党员。延安的条件大不如上海，生活艰苦，医药缺乏，他的健康每况愈下。组织上便安排他到相对安全的香港，后又到九龙去休养。告辞出来以后，郑易里还交代熊岳柏说："我要回上海去了，你带着郑珉在这里好好地干吧。今后，你要经常抽空去看看高士其先生，他有什么事，帮他解决一下。"这以后，熊岳柏几乎每周都去看望高士其，有时带巧克力等小礼物去，让高士其感到分外温暖。

那时熊岳柏也就是17岁，郑珉13岁，后来又增加了一个当地年轻人龚戈云。他们的工作量很大，有时要白天黑夜地干，还经常要和英国殖民当局周旋，既辛苦又危险，但他们知道这干的是革命工作，所以这3个小伙儿始终情绪高涨。郑易里回上海后，仍然时时关心着香港分社的工作，毕竟他们3人年龄尚小，郑易里便常常写信给熊岳柏，给他们一些指导。他们3人在十分艰苦的条件下完成了大批书籍的转运任务。后由于上海孤岛的形势也日渐紧张，已经没有多少书可发行。

1940年夏，根据周恩来的指示，生活、读书、新知三家书店宜联合派人去延安、晋东南和苏北敌后根据地开展出版发行工作。郑易里（代表读书出版社）、艾寒松（代表生活书店）、王益（代表新知书店），在王太雷家开会，并得出一致意见：一、上海三家书店，由生活书店派袁信之，读书出版社派张汉清，新知书店派王益到苏北新四军根据地建立"大众书店"，由王益任经理，在苏北盐城、黄桥一带设分店销售图书；二、三家上海分店出版的图书杂志，尽力供应大众书店销售；三、三家分店的机构、业务仍旧独立自理。

在此同时，郑易里派刘鏖带着侄子郑珉去天长县的汉涧（新四军根据地）设读书出版社的分店，书店就设在新四军的《淮南日报》社里，主要为新四军抗大八分校供应图书，张汉清和殷荣高去协助工作。从上海源源不断运入书店的新书，直接为抗日军民服务，对根据地的思想建设发挥了一定的作用。郑珉边工作边向往着自己也能到抗大八分校学习，郑易里便通过新四军的云南老乡罗炳辉司令把郑珉介绍到抗大八分校学习，从此郑珉走上了革命道路。

在向根据地运送书籍时经常要通过日伪军的岗哨，一旦被发现运送的是抗日的革命的书籍，肯定会被捕，就有生命危险。他们常常装扮成商人模样往返于上海和根据地之间，在当地地下党的协助下形成了一条秘密运输线，对读书出版社的工作给予了很大帮助。令人惋惜的是，一直跟郑易里奋战在上海"孤岛"的张汉清在执行秘密运输任务时被捕牺牲。

《哲学杂志》

1940年，郑易里主持召开哲学座谈会，目的是出版一本《哲学杂志》，用马克思主义的哲学思想来引导当前的思想界。他请周建人、赵平生、何封、董秋斯、罗稷南、胡曲园、陈珪如等人参加讨论，并向他们约稿。

1940年4月《哲学杂志》创刊号出版，发表了《建立民族哲学》一文，针对某些学者提出的"要达到抗战救国的目的，更需要有一套合乎实际的民族哲学"之说，阐明"辩证唯物主义是具有普遍性和现实性的科学的哲学。中国当前的哲学问题，就是怎样运用辩证唯物主义，来认识已经迫在眉睫的各种问题，并克服这些问题。把认识的结果和克服的方法，发展为思想文化运动。转化实践的力量，通过伟大的实践而创为新的事实。在执行这任务的过程中所得到的一切收获，便是哲学在这一阶段上新的发展，也就是中国民族对于哲学的新贡献，中国民族所完成

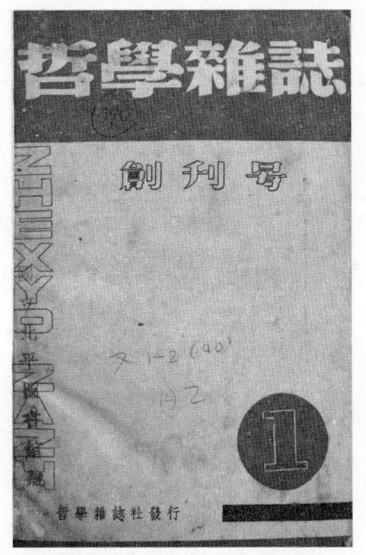

1940 年出版的《哲学杂志》

的民族解放哲学"。这篇文章的重要性在于：一、指出了辩证唯物主义的普适性；二、强调了理论要和中国革命实际相结合的问题；三、辩证唯物主义只有在革命实践中得到运用，并取得成功，才能得到发展。

在第二期中，发表《论进步和退步》座谈记录，从理论和历史，联系革命和战争伟大时代的中国现实，批判破坏团结，阻碍进步，企图把中国拉到旧路上去的倒退思想。《哲学杂志》还刊载了列宁的《唯物论与经验批判论》《克劳塞维兹的战争论》，以及黑格尔、谢（梅）林的著作和一些苏联哲学论文。

通过哲学座谈会和《哲学杂志》这一仅有的理论杂志，团结了留在孤岛上海的哲学工作者。郑易里还充分利用这两本杂志的广告页，为读书出版社宣传马克思主义的书籍做广告。由于时局日益恶化，汪伪日寇疯狂残害进步文化人士，《哲学杂志》只出到第二期就不得不停止出版。在文化战线上，郑易里是主动出击的战士，明知敌人围剿疯狂，那也要能开一枪是一枪，从不等待，从不放过进攻的机会，他为实现自己的革命信念而顽强战斗着。

牢狱之灾

1941年12月7日，日军袭击珍珠港，美对日宣战，太平洋战争爆发。12月8日天还没亮，上海租界里的人们听见一阵枪炮响，有人喊"东洋人来了！"接着日军车辆和步兵就进占了英美控制的上海公共租界，英、美军队未及抵抗就当了俘虏。不久日军又接管了法租界，自此上海"孤岛"消失了，整个上海都变成了沦陷区。这时，出版社完全失去了印刷出版的条件，郑易里便秘密地把出版社的账簿、纸型、书、重要文件等全部转移到自己家三楼的亭子间里存放。

1942年的一个清晨，各家刚打开大门，端出小煤炉准备生火做早饭的时候，一伙人凶神恶煞地闯进郑易里家，拿着一个人的相片问门口的人："认识这个人吗？这个人在不在这儿？"一伙人冲上楼搜查，还问郑易里认识不认识相片上的人，郑易里一看这人是罗稷南的内弟倪雪林，郑易里故作镇静地说："不认识。"日本鬼子凶狠地说："已经有人说这个人经常到你这里来，你没有说实话。"鬼子命令旁边的随从："把这两个人带走！"郑易里这时只担心两件事，一个是藏在亭子间的书，再一个是已经怀孕的妻子。他们在下楼的时候，看见亭子间的门完好无损，郑易里的心便放下了一半，如果里面藏的东西被发现，那麻烦可就大了，不光出版社受损失，恐怕自己连命也保不住。对于妻子，郑易里只能用眼神安慰着她。日本宪兵没抓到倪雪林就把郑易里夫妇抓走了。到了日本宪兵队，郑易里才知道罗稷南夫妇也被捕了。

说起郑易里和罗稷南（原名陈强华，号小航）的关系，还要追溯到郑易里上中学的时候，那时候，罗稷南和楚图南都曾经是郑易里的老师，罗稷南教国文，楚图南教历史，郑易里的聪颖好学给他们留下了深刻的印象。再加上他们和郑易里的二哥郑一斋的思想倾向一致，因此他们成为很要好的朋友，过往甚密。

郑易里是读书生活出版社的董事长，罗稷南是读书生活出版社拥有的重要翻译家，所以因工作关系他们经常见面。郑易里特别崇拜他的老师，一直崇敬地称呼他"陈先生"，据说陈先生上中学时，上课从来不记笔记，课后照常玩耍锻炼身体，一考试准拿第一名。他先考上北大哲学系，后转国文系，俄文、英文也相当有水平。陈先生不光课教得好，后来离开云南后还有一系列传奇式的革命经历，更是让郑易里敬仰。

他们不光在工作中经常见面，下班后两家人也经常走动。他们二人是云南老乡，他们的夫人倪琳和熊约春也是老乡，是湖南老乡。有意思的是倪琳还是郑易里的侄媳妇倪靖的姐姐，论辈分罗稷南比郑易里小了一辈，可是郑易里仍然尊敬地称呼他"陈先生"。

师生关系、亲戚关系、工作关系把两家人紧密地联系在一起。晚饭后，郑易里经常跟熊约春说："走，咱们出去溜达溜达。"这一溜达十有八九是遛到陈先生家去了。在陈先生家，一边是两个人在一起探讨一些翻译上、哲学上的问题，当然杀几盘象棋、谈天说地也是少不了的，陈先生的幽默常常引起一阵阵哈哈大笑。另一边，熊约春和倪琳则小声说着私房话，互相排解着生活中的烦恼，她们回忆儿时在家乡的生活，共同分享着快乐。两家人家交往着，从来不关心彼此的政治身份，但彼此的政治立场都是心照不宣的。

在日本宪兵队，鬼子继续审问郑易里，一直追问倪雪林的下落，郑易里便说倪回西安（那时是自由区）老家去了。郑的回答令鬼子大为光火，狠狠地扇郑易里的耳光，把他的牙都打掉两颗，满嘴流血。最后鬼子看这样问下去也没什么结果，就把郑易里投入监室去了。熊约春因为怀孕，已近临产，鬼子也问不出什么，就放她回家了。

郑易里进入监室一看，倪琳也在里面，这时倪琳悄悄地告诉郑："我是第三国际远东情报局的工作人员，发展雪林加入一起工作。现在远东情报局的谍报网被破获，所以我才被抓。不过我是情报链的末端，案情较轻。雪林已经离沪，他现在安全了，我只招供了跟雪林的关系，别人我都没牵扯，你放心好了。"这时郑易里才知道倪琳的另一重身份，感到很吃惊，同时也很钦佩她的坚强。倪琳说："王妈（保姆）也被抓来审问过，她供出雪林天天去你们家，给你们添了麻烦。"至此，郑易里才明白自己被抓的原因，心里也踏实了，只要自己小心应对，不会有大问题。倪琳自认为案情轻，但常被鬼子传去拷问，回来后情形惨痛，郑易里很是同情，可是也没有什么办法。后案情查清，倪琳判刑一年半，罗稷南被关3个月，郑被关21天放出。

玉溪"视学"

1944年，郑易里从上海回到玉溪。当时玉溪为了发展教育事业，创办县属中等学校，培养师资，在县参议会早期共产党员熊心奋和玉溪旅省学会的积极奔走下，于1942年筹建重办玉溪县立简易师范学校，校址最初在州城文庙魁星阁，后迁至城西财神庙内。开始由教育局长王家声兼校长，后由李光溪担任校长。学校从1944年到1949年底，先后招收短师1个班，初师1个班，中师1个班，正师1个班，附中5个班，附小6个班，共培养出不同层次的学生500多人，为革命培养了大批干部。

郑易里和简师校长李光溪是老熟人，郑易里回到家乡玉溪以后，两人常常在一起交谈。当时，简师有个教师叫肖流（侨党党员，现名肖岗），他通过李光溪的关系，认识了郑易里。李光溪和肖流都读过郑易里在读书出版社译著的进步文章，对郑易里非常崇拜。他们和郑易里密切交往以后，就约郑易里到简师给师生讲授新哲学课，对师生进行唯物辩证法思想教育，受到了广大师生的支持和热烈欢迎。郑易里还向肖流介绍了玉溪的政治情况，鼓励肖流大胆开展工作，从此以后，简师政治空气和过去大不一样了。

郑易里回到故乡，故乡的一草一木都显得那么亲切，家乡的熟人也多，聊聊从前的事，说说现在各自的情况，他真是如鱼得水一样的高兴和活跃。每到星期天，郑易里、肖流便邀请部分学生到州大河洗澡（游泳）、摔跤，并公开宣讲时事政治，揭露国民党祸国殃民，贪污腐败，消极抗日，积极反共，抓兵派款，民不聊生；宣传中国共产党主张团结抗日，主张民主、反对独裁，要求废除国民党一党专政，成立民主联合政府；并介绍了共产党在敌后的抗战情况，解放区的情况，比如解放区实行"三三制"民主政权，实行减租减息，改善农民生活，团结除汉奸以外的绝大多数人民抗日；揭露国民党蒋介石背叛孙中山先生联俄、联共、扶助农工的政策。总之，由于郑易里、肖流两位老师能和学生打成一片，宣传时密切联系实际，使广大学生开阔了视野，耳目为之一新，思想上得到启蒙，受到深刻教育。

郑易里、肖流还积极向学生宣传哲学方面唯物论和唯心论的斗争，批判蒋介石写的《中国之命运》的唯心论及宣传大汉族主义的谬论。他和老师们还带领学生到九龙池旅行，在那里住了3天，除了欣赏家乡的美景，还发动学生针对思想中的问题开展讨论和辩论。当时有一位国文教师浙江人胡某主张唯心论，但没有一个学生附和他。

新哲学的宣讲，引起了轩然大波，有一位倾向国民党的英语教师丛树生大为不满，擅自在校园内贴出告示，指明"学校是读书的场所，培养师资的地方，不是搞政治活动的场所"，公然宣称不许在学校搞这种"政治活动"。这件事遭到了肖流、陈雨田（学生）等广大师生的强烈反对，双方在校内展开了激烈的辩论。学生公开反对他说："'天下兴亡，匹夫有责'，政治活动有进步和反动的之分，我们搞的是光明正大的，你有什么不满意。"说得丛树生哑口无言，不知所措。郑易里也公开警告丛树生："这里是云南不是重庆，你不满意你可以去报告。"并规劝丛树生不要与学生对立。丛树生非常生气，就将郑易里的事告到国民党县党部里，搬来三青团的人马与积极支持郑易里的教师肖流和学生陈雨田等展开了大辩论。

其实，在郑易里回到玉溪之前，玉溪国民党三青团负责人毛某来到简师，一直进行欺骗宣传，强制简师短师班学生参加三青团。郑易里到玉溪之后，简师的学生了解了中国共产党的政治主张，政治觉悟提高了，便向郑易里、肖流说明了国民党三青团在简师活动的情况。郑易里、肖流告诉学生们，你们受骗了，国民党强制青年学生参加三青团是实行"洒灰"政策，向青年身上"洒灰"，目的是离间广大青年与共产党的关系，是收买灵魂。郑易里和肖流号召进步青年不要被他们收买，跟三青团一刀两断，坚持不为法西斯利用。由于郑易里、肖流的大力宣传活动，再也没有人去参加三青团组织的活动了，简师的三青团便彻底垮台。

当时，玉溪驻军师长潘朔端（1901～1978年，抗日名将，参加过台儿庄战役、武汉会战、长沙会战；解放战争中是第一个率部起义的国民党将领，新中国成立后曾任昆明市长）就住在郑易里的家里，副师长黄愚生也是郑易里的家乡熟人，另一副师长黄尹忠是黄愚生的朋友，郑易里知道潘朔端有红色倾向，县里也不会把他怎么样，所以郑易里一反过去搞地下工作的常态，放手大胆地干了起来。郑易里不但不怕丛树生去告，反而通过潘朔瑞的关系，把丛树生赶走。校长李光溪还与县长谈妥，委派郑易里任玉溪县视学（即督学），派郑易里到大营街、后裕、北城、春和等各学校演讲，郑易里以视学的身份以讲珠算为名，宣讲新哲学，在各处都受到了欢迎。郑易里在玉溪当视学的时间只有两个月，但是跑遍了玉溪大部分学校，每到一处，李光溪都首先介绍："视学来了！"那时，郑易里在玉溪就像明星一样受到广大学子的欢迎。

郑易里和肖流还送一些进步书刊给学生，如《新哲学大纲》《大众哲学》《军火商人》等。经过二人的教育启发后，学生们政治觉悟提高了，反抗精神增强了，于是在简师就发生了几起有意思的事情。

1944年秋的一天，玉溪庄子上的保长在州城西门外抓简师短师班的同学普文英当兵，有学生看见便跑回学校报告，一声呼喊，立即集合了20多名学生跑到西门外，把保长抓到学校来打了一顿，学生责问道："你为什么抓学生当兵，师范学生可以缓役难道你不知道吗？"保长无言以对，被赶出学校，白白挨了一顿打。

简师当时有一位中尉军事教官，湖南人，高个子，因用脚踢学生，学生便团结一致贴抗议书，骂他是法西斯分子，叫他滚蛋。李光溪校长比较开明，支持学生的行动，结果这个教官真的滚蛋了。

还有一个体育老师杨增宝，他对学生态度不好，骂学生，也体罚学生，打球球风不好，烂动作多，也被同学们赶走了。

1944年的玉溪简易师范学校，由于李光溪的领导和郑易里、肖流两位老师的启发教导，学校气氛生机勃勃，学生的思想觉悟得到了空前的提高，给玉溪带来了一股强劲的革命新风。

编纂《英华大词典》①

郑易里是一位眼界开阔的学者，深知中国近代落伍的一个根本原因是封建统治者的愚昧和闭关锁国。郑易里在读书出版社翻译、校对、出版《新哲学大纲》《资本论》等著作时，深感国内缺乏一部质量较高的中、英文对照辞典，当时社会上的英汉字典版本太老，收词太少，便萌生了亲自动手编写一本质量较高的英华大词典的念头。但是当时读书出版社事情很多，大量"造货"的任务相当繁重，没有时间考虑别的问题。1942年，随着上海孤岛和香港的沦陷，上海"造货"停顿。再加上郑易里的二哥因车祸身亡，他跟昆明景明号的商业联系也就中断了。但编英汉字典的事一直在郑易里脑子里盘旋，他一有机会就搜集一些英文、英汉、英和字典，为以后编字典做准备。

1945年8月15日，日本宣布投降。生活、读书、新知三家书店做了新的部署，首先是把三家书店的门市合并，称为"生活书店·读书出版社·新知书店三联书店"，这是第一次以"三联"的名义在读者面前出现，同时在北平、广州、长沙设立分店。店名虽然连在了一起，但三店的出版工作仍保持独立发展。为了避免国民

① 三联书店1950年初版为《英华大辞典》，与1957年时代出版社的版本同名。1964年商务印书馆接手后为《英华大词典》，为避免混淆，统一名为《英华大词典》。

党反动派的迫害，对外用了"朝华书店""兄弟图书公司"的名义。这期间，读书出版社上海分社出了一批书。那是1945年12月，中共中央派出参加政治协商会议的代表团，由延安飞抵重庆，博古同志给读书出版社带来一批解放区的纸型和样本。读书出版社派万国钧携带纸型东下上海，随后，总店亦迁回上海，很快就印出一批书在津、沪、平、穗等地发行。从1945年到1947年，两

1945年抗战胜利，亲朋好友喜笑颜开，大家在公园合影。
左起：后排罗稷南、郑易里；前排左一黄洛峰，右一熊约春

年多的时间内所出版或重印的书籍，较重要的有《资本论》《唯物论与经验批判论》、普列汉诺夫的《论一元论历史观的发展》、《思想方法论》、周笕（周扬）编的《论文艺问题》（原名《马克思主义与文艺》）、高烈（博古）编译的《辩证唯物主义与历史唯物主义基本问题》，以及苏联科学院编的《近代新历史》、《殖民地附属国新历史》、《中国近代史》（范文澜著）、《中华民族解放运动史》（华岗著）、《科学历史观教程》（艾思奇、吴黎平著）、《唯物辩证法》（罗逊塔尔著）、《辩证唯物论辞典》、《西洋哲学史简编》、《中国近代史参考数据》（杨松、邓力群编）、《卡尔·马克思》、《恩格斯传》、《恩格斯论资本论》、《资本论通信集》等。

1946年，召开政治协商会议，但国民党反动派随即撕毁了政协决议，发动全面内战。生活、读书、新知三家书店又处于敌人的严重迫害之下。重庆、武汉三家的联营书店都有多人被捕。上海的环境也日渐恶劣，抗战胜利后，读书出版社在四川北路北仁智里166号办公，后来地下党领导的人人书报社转移到这个地方，读书出版社门市移到同一弄堂另一处，结果人人书报社被特务破获，全体工作人员被捕。

1947年10月9日中央社发表国民党中央宣传部副部长陶希圣"答记者问"，声称"近来出版事业颇见萧条，但市间充斥黄色书刊及共产党宣传书刊，两者同为麻醉青年之毒物。新知书店、读书出版社刊行共匪书籍尤多"。1948年10月12日国民党上海市执行委员会发出"藉共匪宣传机构名义"查封生活、读社、新知三店的密令。这样，三家书店不得不紧急应变，决定同时撤退。10月17日店里派人到大公报馆预先订了一广告位，到深夜12时报纸临开印前才送去稿子。次日全上海都看到大公报上生活书店、读书出版社、新知书店宣告结束，迁往香港及《读书与出版》月刊休刊等四条并列启事，等特务发觉，三家书店已经人去楼空。

由于国民党反动派的疯狂迫害，三家书店的主力撤退到香港。1947年上海读书出版社机构全部停闭，人力物力逐步移往烟台、大连等新解放区发展。那些必须妥善保存的版本、纸型等仍然秘密移存到郑易里住宅的亭子间内。

在这种情况下，黄洛峰跟郑易里商量，看出什么书能赚钱改善社里的经济状况，又不易被追查。郑易里马上提出编纂英华大词典和出版文艺作品的想法，而且可以利用编纂词典来掩护党的出版工作，掩护遭受迫害的革命同志。黄洛峰听后大喜，于是便委托郑易里来完成这项任务。就这样，郑易里在解放战争的滚滚硝烟中，在国共两党你死我活的激烈斗争中开始了这部辞典的编纂工作。

1947年郑易里仔细调研了几十部当时国内外著名的英文辞典和英日辞典后，决定博采众家之长，出一部使用国际音标注单词、译文使用现代白话文、例证丰富、广收新词和俚语、俗语、习惯用语的新辞典，这样的编纂方针在当时是一种突破，是划时代的首创。

但是，资金从哪儿来呢？郑易里的二哥郑一斋早在5年前的一场车祸中去世，当时郑易里因被倪琳的事牵连，再加上有心脏病的妻子临产，所以没有回昆明参加葬礼。郑一斋死得很突然，没有留下遗嘱，等郑易里回到昆明时，他和郑一斋的共同财产已全部归到郑一斋的大儿子和二儿子名下，自己没有得到分文。郑一斋留下6男5女11个子女，郑易里只比郑一斋的长子大3岁，作为长辈的他没有跟郑一斋的两个儿子争财产，但从此郑易里再也没有能力在经济上继续支撑读书出版社了。

要出字典，可以说当时的情况是一无资金二无人才，因出版社已被查封，甚至连办公的地方都没有，其困难程度可想而知。郑易里考虑没有办公地方可以在自己的家中干。由于字典部头大，一人完成耗时太长，不请人合作是不行的，于是经人介绍，请到了史先生和日语、英语都很好的曹成修先生共同编纂。当时，解放战争已经全面展开，曹先生正赋闲在家，没有生活来源，在物价飞涨的上海，一家人生活很拮据。但是，这本英华词典的编纂什么时候能完成，什么时候能出版都是个不定数，所以郑易里按一般市价稿酬的一倍来支付曹成修等人的稿酬和工资，并且由熊约春千方百计兑换成不易贬值的银圆支付，约定以此买断曹成修和史先生的字稿，这样做，以后词典出与不出、是赔是赚都与他们无关，全部风险由郑易里一人来承担。郑易里则从郑一斋大儿子郑瑞之那儿借了3000美金来解燃眉之急。

为了保护出版社员工的安全，郑易里把自己西爱咸斯路"正蕃小筑"住房一楼的客厅腾了出来，给编纂词典的工作人员做办公用。这所房子在弄堂最后一排，非常僻静、安全。开始，大家在一楼办公，把吃饭的大圆桌当办公桌。郑易里一家住二楼，三楼是客房，平时作为工作人员中午休息的地方，出版社往来同志也可暂住在三楼，三楼的亭子间还是受迫害的革命同志隐蔽的好场所，上海解放前夕，读书出版社的范用同志因为受国民党特务搜捕，就曾经避居在这亭子间里。因为词典是工具书，没有政治倾向，不会引起国民党反动派的注意和查封，所以一楼编词典的工作对他们起到了很好的掩护作用。

1948年，郑易里一家搬到复兴中路和兴安路交汇处的培恩公寓（现复兴中路妇女商店）四楼的一套房子里，词典的办公地点就移到正蕃小筑7号的二楼。一楼借给他的妹夫翁绍良（牙医）住，兼开牙科诊所。

郑易里懂英、日、俄文，合编者曹成修懂英、日文，二位是主编，再加上史先生、郑康伯、张君悌、刘龙光、唐先生等人（编排加工2人、校对5人）组成一个班子。参加这部辞典的几位主要编辑，学识都很渊博，懂得几国文字，刘龙光还懂得出版印刷，也是个多面手。

资金、人才、办公地点三个问题解决后，字典工程可以开工了。在郑易里家的客厅里有一张方的餐桌，还有一个直径约2米的大圆桌面，吃饭的人多时，把大圆桌面往方桌上一扣，围坐十来个人不成问题，郑易里就摆开这张吃饭的大圆桌，让它为编词典服务。在靠近客厅门口的地方放了4张写字台，靠墙有两个高高大大的大书架，用来放编辞典需用的书、原稿和校样，这样工作的地方就有了。两个主编和史先生在大圆桌上办公，其他人在写字台上办公，就这样开始了蚂蚁啃骨头般的编写工作。

编纂辞典比出版《资本论》更费工夫，需要参考十几种原版字典，郑易里想出省力又省时的方法，他让大家把找来的原版辞典一页页拆开，分别把英文词条贴在白纸上，再在白纸上编写上相应的中文词条。需要增补单词和词汇时，就剪开加贴。一页稿子，英文夹中文，改画得密密麻麻。

遵循什么样的原则来保证词典的高质量呢？

在单字的选择上，郑易里在《前言》中写道：

　　……语言是产生文字的根源，语言是活的，文字是死的。要文字有生气那就要不断地从广大群众语言中去吸收新鲜的养料，就是说去吸收那种有血有肉、活灵活现的优良的方言土话……另一方面，任何语文，难学的不是正规的成文语，而是非正规的还在成文初期过程中的方言土话。在这人民世纪，一般前进作家都大量反映着受压迫受剥削的广大群众的方言土话，大量反映着工农大众和反动资产阶级的斗争生活。工农大众的方言土话正是他们在痛苦中和斗争生活中的表现之一……它常常冲破伪学者在语言文字上的金科玉律，使我们对它发生了极大的同情和兴趣。所以我们这本辞典除尽量收录一般学究式辞典中所有的现代英语语汇外，还要用最大努力尽可能收录活在广大人民口语中而为一般辞典所少有的俗话、俚语、俏皮话、方言、儿语、学生话、简字、略语以及英语中所吸收的种种外国语（如拉丁、法、德、俄语等等，此外还有跟着美元势力逐日插进英国社会生活中去的大量美国俚语）。活的语汇不断地新生着，我们希望这本辞典在每一次再版时都能有一些应有的补充，使它尽到辞典的最大效能。

从这段话我们可以看出郑易里是在研究大量各式英汉字典、英语字典甚至英和字典的基础上，对单字批判性地兼收并蓄，力图使这本辞典成为最完善、最实用、查得率最高的辞典。

在短语的选择上，郑易里在《前言》中写道：

我们收录短语的原则是'越多越好'，所以凡是我们参考书中所有的短语，我们几乎都毫无遗漏地收录上了。大家都知道，单字不过是一些散沙似的原料罢了。当这些原料在语文中发生了有机联系的时候，它常常会发生一种化学变化，好比助燃的氧和能燃的氢会结合成既不助燃也不能燃的水一样。语文中这种变质的现象是我们学外语时最容易感觉到的一个困难，也是我们学外语时最值得注意同时也是最容易疏忽过去的地方。并且，纯粹由语文技术上说，文章并不句句难解，难解的只是某些句子，句子也并不是字字难解，难解的只是某些成语（短语）。只要我们抓牢句子中这些难解的环节，那就像画龙点睛，全句真意自然活现眼前。

他的这段文字实在精彩，他用化学反应形容单字和语文的关系，而且把他在学习外语和常年的翻译工作中得出的经验和感受告诉使用者——只要解开难解的短语"全句真意自然活现眼前"，那真是拨开迷雾见青天的感觉。所以郑易里是想把这本辞典变成攻克翻译难关的利器奉献给人们，这是怎样的胆略和雄心壮志啊！

在注音方面，郑易里也进行了细致的研究，他在《前言》中写道：

在注音方面我们要起一些带头作用，纯粹采用国际音标，毅然决然废除从前一般英华辞典中所因习沿用的韦氏音标。韦氏音标表现既不科学，应用也不方便，通用范围又极有限，早就应该从我们的英华辞典中和头脑中洗刷出去了!

我们可以看出他对仍在沿用的陈腐知识的深恶痛绝和革新意识。另外,他为了让这本辞典得到更广泛的应用,在发音方面,还尽可能地标出英国发音和美国发音的差别、一般社会发音和特殊集团发音的差别以及单字发音和在短语(或句子)中连续时发音的差别。他还写道:

> 英语是世界上血统最复杂的语言,因此读音规律极其复杂,使人学习时十分头痛。我们可能找到的药方:(1)是在正文中详细注音……(2)是把同一发音的种种不同拼法应有尽有地罗列在发音符号对照表中,需要时随时照方清理。

郑易里说一口略带玉溪腔的昆明话,虽然他小时候学英语时在发音上的困难有所克服,但是要编词典就不那么简单了,要求每一个单词的发音都准确无误,他是怎么做到的呢?他为此进行了专门的研究,并写了一篇论文,题目是《英语简介》,他从11个方面进行论述:

一、英语演变概况。他在这部分论述了古代英语到中世纪英语,到近代英语(初期近代英语和后期近代英语),到现代英语的演变过程。演变的原因则是受到欧洲其他民族语言的影响,所以他得出"英语是世界上血统最复杂的语言"的结论。在这一节还对比了韦氏音标和国际音标。

二、英语发音。他在这部分分析了每一个英文字母的音素、在单词中的发音、在口语中的发音及其他种种情况，如发现有规律时，便总结一点规律出来，简直是事无巨细地全部罗列出来，这部分内容所占篇幅最多。

其他还有"英语拼法""词缀和缀词""复合词与合成词""英美英语的差别""英文读法""数词读法""名词复数""大写法则""斜写法则"9个方面的论述，为节约篇幅，在此不一一说明。这篇文章竟洋洋洒洒写了235页，约9万字。

郑易里总觉得英语发音是自己的短板，所以在动手编辞典之前就做了充分的研究，以至于他的发音已经很好了，自己还浑然不觉，他生怕因为自己的不足误导读者。

从这篇论文可以看出，他总是从问题的源头研究起，一步一步地前进、深入，直到把问题彻底弄清楚。虽然现在人们学习英语依靠国际音标即可知正确的发音，完全没有必要进行这么细致入微的研究，但是我们可以从中看出他的严谨和脚踏实地的治学精神。

在译义和翻译方面，郑易里在《前言》中也制定了详细的原则：

（1）译义要尽可能同时做到正确、细腻、简明和具体。……

（2）解释尽可能详细。……我们要尽可能用简单的国语解释出：a.英语单字的主要意义和它衍生出来的各种意义，尤其是旧字衍生出来的新的意义；b.单字应用上应有的注意（如连语、连义和因社会习惯等不同而可能发生的误解等等）；c.英美用语间的区别（如 firstfloor 美国指的是'第一层'，而英国指的是'第二层'）；d.修辞造句方面一般文法书上所不容易找到的应有的注意，这在 any, anybody, himself, some, something, somewhere 等常用单字更是如此。

（3）短语和句子译文尽可能贴合原文字义，但：a.不可能时决不呆译、硬译或死译而酌量意译，例如 talk through one'shat（〔俗〕说话不要本钱，瞎扯……）；b.可能时尽量按字直译，保持原文风格，但不必要时我们仍只译出它的意义，例如 spirit broker 我们只译出"牧师"而不再译出读者见字就懂的"精神掮客"来；c.必要时我们尽可能用俗语翻译俗语，反语翻译反语，俏皮话翻译俏皮话……

（4）翻译一律口语化，彻底扫清现有英华辞典中所消灭不了的文言笔调以及半文半白或不文不白的笔调。文言笔调既不合时代要求，在辞义的表达上又常常免不了晦涩和含糊等毛病。

从这里我们可以体会到他对新辞典的高标准严要求。我们现在的年轻人恐怕不知道20世纪初使用的英华辞典中文意译居然是文言文或半文半白的笔调！我们可以看出郑易里从鲁迅提倡白话文就感受到了时代前进的方向，他要让自己编的辞典走在时代的最前列，正因为他做到了这点，所以他编纂的《英华大词典》才成为最"长寿"的词典，尽管现在各种新的英华词典层出不穷，但这部《英华大词典》还是专业翻译家手中不忍割舍的"宝贝"。

郑易里和曹成修在编词典时采用的主要参考书是：

（1）*The Concise Oxford Dictionary of Current English*

（2）*Webster's Collegiate Dictionary*

（3）*The American College Dictionary*

（4）*Webster's Approved Dictionary*

（5）*Webster's New American Dictionary*

（6）*The New Dictionary*（1948年版）

（7）*Kenkyusha's New English-Japanese Dictionary*（*on bilingual principles*）

（8）*Kenkyusha's Concise English-Japanese Dictionary*

（9）*Saito's Idiomological English-Japanese Dictionary*

（10）*Sanseido's New Concise English-Japanese Dictionary*

（11）*Fuzambo's Comprehensive English-Japanese Dictionary*

（12）*Kenkyusha's Current English Dictionary*

（13）*Sanseido's Picture Dictionary*（图解辞典）

　　为什么选用这几部辞典做参考？郑易里在词典的《前言》中解释道："（1）是有名的英国字典，所举例句和成语极多，而编排过分紧密，缺乏技巧，以致检查不便。（2）至（6）五种是美国字典，美语丰富，新字新义极多，但例句和成语极少，这是缺点。（7）至（12）五种是英日辞典各有特长：有的编排简明，虽有丰富内容，而检查极便；有的解释细腻，能针对东方人在欧美语文上可能有的一切隔阂而加以适当说明；但因出版年代较早，缺少新字新义，这是它们的共通缺点。（13）能帮助我们解决无图解时所不容易确定的许多译意。此外我们也常常参考到几种英华辞典和英华名词汇编等书；在这种参考书中我们所能吸收到的营养非常有限，因此也更促进了我们努力这一编辑工作的兴趣。"

　　这些参考书就是摆在郑易里面前的七坑八洼的不平路，编者既要懂英文又要懂日文，才能重新打出坚实的路基，而且要不放过每一部书中的点滴营养，才能填平这七坑八洼的路，工作的难度可想而知。但这一切反而激起了郑易里的工作兴趣，他要对每一部参考辞典进行精细的研究，才能决定取舍，这些工作始自萌生编辞典的想法，到1947年正式开始编纂时，他对于这部新辞典已经胸有成竹了，这是怎样的攀登高峰的顽强精神呀！

　　为了保证词典的编纂进度和质量，大家的工作态度是非常认真的，编辑室的风气也非常好。工作时没有人聊闲天，工作中产生疑问，需要交换意见时，都是走到跟前小声说话，每个人绝大多数时间都是在埋头苦干，没有声响。上海的夏天很热，郑易里从来不扇扇子，他觉得扇扇子占用了一只手，影响工作，他常常跟大家说："如果你的注意力都在工作上，就不觉得热了。"好作风带来了高效率，这么一部浩瀚的词典在3年时间里能完成编辑、排版、校对并出书，真是一个奇迹。

最热闹、最活跃的时候，是中午吃饭的时候，大家交换意见，交流信息，讨论起一个词来，各抒己见，非常热闹，非常认真，各自观点相持不下时，各人下班后回去找根据，第二天接着再讨论。之所以这样，是因为大家有着共同的目标——一定要让这部词典成为最受使用者欢迎、最有生命力的词典。

不到一年，郑易里、曹成修如期完成任务，可是由于史先生的部分难以使用，于是这一部分郑易里和曹成修又各人负责二分之一重新编纂。

1949年7月郑易里等人完成了初稿，开始了排版和校对的工作。根据当初制订的方案，词典包括了人无我有、与众不同的中文索引。那时，上海已于5月底解放，郑易里希望这部词典能早日出版，但中文索引还只是刚着手编制，为了加快中文索引的编写速度，急需两个人帮助他完成这项工作。在上海市妇联工作的熊约春发现刚来的一个叫陶膺的小姑娘年轻、热情、工作精细，非常适合做这项工作，就把她介绍去帮忙，再加上另一个小姑娘胡平冠，编辑室就从6个人变成了8个人。

编中文索引的工作并不简单，也是相当烦琐费时的一件事。郑易里在《编后记》中风趣地写道："简单容易的事情，数量一多，性质上就变得麻烦困难了。……好比做菜，要把辞典中这三十多万份洋菜调配起来，编成一个最简便最容易寻查的中文菜单，技术上是很磨时间的。"

要把这"三十多万份洋菜调配起来，编成一个最简便最容易寻查的中文菜单"首先要进行技术上的规定。郑易里历经20年的研究，编制了他的"简易检字法"，他在《编后记》中写道：

从检查方法上说，我就没有一条现成的直路好走了。模糊记得我曾经在1929～1930年用云影笔名在《时报》上分析过汉字的几种基本笔画，主张字的次序最好是按照起笔笔画顺次排列。继后研究号码检字法的人渐渐多了起来，有主张四码的，有主张五码的，有主张七码八码的，又有主张头尾都长上一对角的。他们的共通特点是踢开部首，纯照号码次序排列。他们拿号码当锁链，拿汉字当犯人；但是他们不知道像古来锁犯人的铁链一样，号码决不能锁服所有的每一个倔强的汉字，那反而锁呆了他们自己的头脑。

我在这泛滥一时的号码的洪水中，恍恍惚惚过了十多年。这时期，汉字部首，正像那汇流成汉字字海的脉络状河道一样，并没有被冲毁，它仍然淹没在号码洪水下静静地流着。直到1946年，我开始感觉到只要汉字存在一天，部首就有它一天的历史任务，号码最多不过能代替笔画而发挥它的作用罢了。因此，号码和部首联系应用的研究就常常成为我烦闷时候的唯一的娱乐了。

从这部分的叙述，我们可以看出他对简易检字法的研究从1929年就开始了，一直到1946年他才悟出汉字部首的不可替代性，然后便以更大的兴趣投入他的研究，直到1949年把他的研究成果应用在《英华大词典》的中文索引里。这样一来使得《英华大词典》中包含了一部最完美的《华英大词典》，一部辞典当两本辞典用，这是1950年初版《英华大词典》的一大亮点。

郑易里的"简易检字法"实际就是"六笔查字法"。

他首先在笔画的种类上做了详细的规定。他根据汉字的形状分析，有6种笔画，这6种笔画顺次用1、2、3、4、5、6这6个数码做代表，见右图：

在这里郑易里用辩证唯物主义的哲学思想中的"否定之否定规律""质量互变规律"和"对立统一规律"进行了分析，他写道："点中有尖点，这是肯定中含有它的否定的表现（注：任何一事物都有肯定和否定两个方面）。这一否定成分在量上发展到一定限度时，它就变质（注：量变到质变）成另一种笔画（横、直或斜）了。横

簡易檢字法

（詳細解釋請看編後記）

筆畫種類表:

代表號碼	筆畫名稱	標準形狀及實例		附註
1	點	（圓點）· ヽ 八	永 斗 心 無	羊=牟
		（尖點）ィ 丿	冰 河 羊 牛	牛=半
2	橫	（短橫）一	上 土 曰 學	有斜橫的字極少，似乎只有一個"七"字
		（長橫）一	上 王	
		（斜橫）一	七	
3	直	（短直）丨	中 桌 卜	有斜直的字極少，只有"五、丑"等三四個
		（長直）丨	中	
		（斜直）丿	五 丑	
4	斜	（撇*ㅏ）一丿	乏(不撇)人(斜撇)爪(直撇)	公=公
		（捺†*）乀丶	乏(不捺)人(斜捺)爪(直捺)	谷=谷
5	彎	（單彎）⌐丿ㄱ一 ＞	疋 小 狗 互 因 水	彎後帶紐的複筆仍作"彎"處理
		（彎紐）乚乚ㄋㄅ	凹 九 凸 乃	
6	紐	（單紐）乀乀乚乚く	心 民 戈 互 區 災	紐後帶彎的複筆仍作"紐"處理
		（紐彎）ㄣㄅ	亜 馬	

下筆次序公約:

①順列筆畫　(a)先左而右：小(151) 對(133) 州(1413) 止(3322) 毌(65)

　　　　　　(b)先上而下：言(122) 下(231) 爪(4434) 刀(54) 乃(54)

②相交筆畫　按(2)橫、(3)直、(4)斜(先撇後捺)、(5)彎、(6)紐次序下筆：

　　十(23) 左(24) 反(24) 匣(26) 口(35) 門(35) 防(35)

　　爻(44) 力(45) 九(45) 皮(45) 狗(45) 氏(46) 民(526)

簡化部首和確定部首部位:

①把康熙字典沿用下來的214部簡化爲130部.

②除乙弋廴口外，一律確定部首部位在左上方.

號碼和部首的聯繫應用:

先數起筆兩畫查部首，再數部首以外的起筆兩畫查本字.

（兩畫過多時取一畫，兩畫過少時取三畫.）

简易检字法

直是两种性质上根本不同的基本笔画，有彼此相配的短笔、长笔和斜笔。斜横斜直是横直中的否定因素，它已很像斜笔了。撇捺是两种形式对立而内容一致（注：对立统一规律）的笔画，这正说明了形式也是一种内容，形式包含在内容之中，撇捺包含在斜中。弯和纽是点横直斜相互发展到最高形式（注：否定之否定，使事物形成螺旋式上升的发展）的两种对立的基本笔画。……此外有弯纽（弯后带纽），纽弯（纽后带弯），这是弯和纽发展成的复杂笔画，数量不多，同是一笔，而我们算头不算尾，概作'弯'或'纽'处理。"他在长期的哲学研究中形成了科学的思维方法，所以六笔检字法的科学性使它具有了强大的生命力，实现了"三十多万份洋菜"和"中文菜单"之间的转换。而且这六笔检字法也为他以后研究电脑汉字输入法奠定了基础。

其次，便是在笔画次序，即笔顺的规定了。他是这么规定的：

①顺列笔画（a）先左而右：小（151）（注：习惯是511）對（1331）（注：习惯是3311）州（1413）止（3322）（注：习惯是3232）母（65）

（b）先上而下：言（1222）下（231）爪（4434）刀（54）乃（54）

②相交笔画按（a）横、（b）直、（c）斜、（d）弯、（c）纽次序下笔：

十（23）艹（2323）廿（2332）左（24）反（24）

提（25）弋（26）匠（26）（注：习惯是244236）口（35）門（35）（注：习惯是5223）防（35）（注：习惯是553）凹（35）凸（35）

戋（44）力（45）九（45）皮（45）（注：习惯是543）狗（454）

氏（46）七（46）（注：习惯是64）

民（526）變（661111122…）

郑易里对汉字的部首进行了革命性的简化。他研究了许慎的540部部首和康熙字典的214部部首，指出康熙字典的简化"在产生它的那个时代来说，是带有相当革命性的"，"但在眼前来说，它又不适合现代历史发展的需要了"。郑易里经过研究把部首简化成130部（必要时还可酌量增减），这比当今的《现代汉语词典》的201个部首更具革命性了！

另外，在他那个年代有些汉字部首的确定非常不合理，例如：鬻字归了"口"部，辔字归了"车"部，求字归了"水"部，承字归了"手"部，那真是太难为人了！郑易里则一律规定用字的左上方的部位做部首，只有4个例外，即：辶、弋、廴、凵。

最后，就是号码和部首怎样联系起来应用的问题了。郑易里规定先数部首起笔两画，查部首所在的页数，再数部首以外的部分的起笔两画查本字就行了。如果取两画过多时，就取一画，如取两画过少时，就取3画。例如查"讚"字，先数部首起笔两画的号码是"12"，从部首目次表中查找到部首"言"，查出是1606页，然后再数"赞"的起笔两画的号码"42"，在部首的下面就可以很快地看到号码〔35~45〕的页数是1615~20，这样就可以很快找到"讚"字了。

我们使用字典查字时，无论查部首和查本字，都必须先数笔画。大多数部首的笔画在3画到17画，部首以外的部分也多在3画到20多画，相当费时。而郑易里发明的简易检字法，之所以"简易"，就在于不用把整字的笔画数全部数完，而且容易学懂、容易记牢、容易应用，重码少，能做到快速检字。

当大家用这种检字法编码编制卡片时，极大地提高了排版检索的工作效率。从1948年9月开始，在郑易里的指导下，陶膺和胡平冠很快就熟悉了六笔查字法，她们二人日以继夜地进行工作。她们先用小纸条将正文的词汇逐条抄下来，按六笔查字法的编码，将写有词条的卡片按照数字编码排序后，放在抽屉里。为了尽快完成这个工作，陶膺的大弟陶凯在暑假和寒假期间都来帮忙，到1950年3月全部抄完。全部抄完后，经过检查，再将小条贴在大张纸上，每一张纸平均贴30张小条，一共贴了11000多张。经过7个多月，到1950年6月，全部排完。为了节约篇幅，索引排得很密，每面排4栏。然后交印刷所付排，排好后校对了4次，到1950年9月大功告成。

这是中国第一个采用笔画代码检索汉字的成功例

子。郑易里开创了"汉字笔画数位代码化"的先河。30多万条中文索引，占全书的616页。中文索引的存在，使这部词典变成了一部双解词典，受到初学者的极大欢迎，遗憾的是以后再版《英华大词典》时，为了压缩篇幅，降低定价，把这部辞典的中文索引删除了。

关于词典的付排还要感谢万国钧先生。词典的排版非常复杂，中英文夹杂不说，大写小写，各种符号非常多，一般印刷厂都不愿意接这种活。而万国钧对上海的印刷厂了如指掌，为此他专程来到上海，找到了一家极小极小的印刷厂，实际上是一家没有印刷机只有一个英文排版师傅的中英文排字房，这家排字房把这一几百万字的巨大工程承包下来，才算解决问题。

这一时期，出版词典的资金仍然时断时续，毕竟这是一项大工程，花费肯定不少。一天，郑易里正为资金发愁时，在街上碰到了党内管财务工作的王太雷先生，王太雷见郑易里愁眉不展，连忙上前询问缘由，郑于是将资金困难的情况对他说了。不久之后，王太雷开始代表地下党每月出资200银圆，一直出了6个月，共1200银圆才使这本词典的后续工作得以顺利完成。

1950年盛夏时分完成了全部排版加工工作，12月一部全新的《英华大词典》在上海出版了！关于这一段的经历，郑易里在初版的《英华大词典》的《前言》里写道：

首先我们感觉到迫切需要的是一本详细的俄华辞典；因为当时（1947年）条件不够，始终无法动手。继后感觉到我们也需要一本得心应手的最新最详细的英华辞典。在当时（1947年初）的客观和主观条件之下，实现这个要求的可能性很大。不久，我们这一个心中潜伏着的幼芽就在种种条件所混合成的温床中生长出来了。

说到英华辞典，中外参考资料很多，这在编辑上好象是没有什么困难了。事实上，平路还得费脚力，何况摆在我们面前的还是一条七坑八洼的并不平坦的路呢。然而不平坦的路总比临时修路容易。有了一些容易的感觉，开始时的心情是轻松的。

我们当初的计划是一年编完，半年排完出版。原稿倒按预定日期完成了。当成修兄和我把修改、增补和排校的全副担子挑到肩头上以后，我们就开始生出路远脚步慢的沉重感觉来了。这第二步的工作整整做了一年半，这是完全没有预算到的。

稿子一面整理一面付排。那时候是1948年3月。当时我们的计划是半年排完。找印刷所订好合同，动起手来，结果，一直排到1950年3月，以致半年计划两年完成！

新中国诞生了，这一段艰苦的路途也在不断努力中走完了，词典也跟着出版了。

是的，这部词典是郑易里在新中国成立前的最后一段艰难的路程，是他给新中国的第一个献礼！事实上自1949年5月上海解放，他就不必再担心国民党反动派的围剿和抓捕了，词典的后续工作是在没有沉重的政治压力，在轻松愉快、欢欣鼓舞的心境下完成的，这也让他感到无比的欣慰。

上海刚解放时，郑易里虽然担任上海读书出版社的领导，但是却非常富有亲和力，一点领导的架子都没有。每天他第一个到办公室来，为大家点炉子、烧开水，冬天在办公室还安装了取暖炉（这在上海是很少有的），等大家走进办公室时，已经是暖烘烘的了。晚上下班他总是最后一个走，等大家走后，他把办公室收拾干净才离开。同事们因离出版社本部比较远，没有食堂，中午那顿饭，都是大家自己从家里带来，快到中午时放到炉子上热着，到12点也就热了。郑易里每天中午往饭盒里倒点儿开水，把饭和菜一搅和，等热了，三口两口把一盒饭吃下去。同志们常说："这饭是什么滋味恐怕他都没吃出来，一盒饭就塞到肚子里去了。"大家都担心他把胃搞坏了。在他的感染下办公室里的气氛是非常团结、和谐的。他衣着也很朴素，从不讲究，只要干净就行。在他的影响下，一起工作的几个同志都是这样，没有一个人西装革履地来上班。

他在出版社工作十几年，从不在出版社拿工资，更别说红利了，他从来没拿过，反而是为了出书，自掏腰包垫了不少钱。出版社和他约定，《英华大词典》出版后版税的三分之一给他，三分之二归出版社，实际上他没有拿钱，1950年12月词典出版时，正值抗美援朝时期，他把应得的三分之一版税（每本词典4.60元），让出版社代他全部捐献给国家买飞机大炮了。这也可以说是他给新中国的第二个献礼。

《英华大词典》出版了，可是当时的外语教学是俄文的天下，学英文、用英文的人极少，出版社怕词典不好卖，所以只印了2000册，每册定价15万元（旧币，相当新币15元）。当时一个普通干部月薪大约二三十万元，年轻人就更少了，大约只有十几元钱，没想到即便这样词典也很快脱销了，很多人寄信出版社，要求买词典。最典型的是，有一位中学英语老师跑了很多地方，千方百计都买不到这本字典，居然写信给郑易里，让郑易里给代买。随着社会政治环境的变化，辞典的销量开始逐渐上升。在《英华大词典》的书稿档案里还保留着当时从出版总署转给主编郑易里的两封读者来信：认为这本辞典新词较多，译语灵活，缩写字和专有名词按照字母的次序排列，便于检查，同时指出书内有一些错误；另一读者建议郑易里同志再编本《俄华辞典》。

1953年经郑易里、曹成修同志改正初版的一些错误后组织重印，重印挖改纸型工作在上海进行，人民出版社专派沈昌文同志去上海负责此事。加印了12000册。

1954年重印出版，加印了10000册。

1955年，时代出版社提出希望拿到此书的出版权，由该社继续出版，三联书店同意转让。

自1957年初至1959年9月，时代出版社略做修订，印刷3次，共出版了600000册。后来时代出版社与商务印书馆合并，此书就由商务印书馆承担修订与出版了。

据大连的一位吴姓教授讲，20世纪50年代他上大学的时候，《英华大词典》很难买，有一次班里分到一张购买票，三四十人抓阄，这个阄竟然被他抓到，高兴得不得了。从那时起，他就知道了郑易里，这本辞典也成了他终生的良师益友。

1959年郑易里还和绍韩、岳于水3人合编了《袖珍英汉辞典》，收入词汇3万条左右，全书共约63万字，专供当时中学生使用，前后共印刷了300万至400万册（因为1973年第17次印刷后不再注明印刷数量）。

各种版本的《袖珍英汉词典》

向新中国的献礼——《剩余价值学说史》的出版

自1938年《资本论》出版后，郭大力认为有必要翻译卡尔·考茨基编的《剩余价值学说史》，这部分内容实际上是《资本论》的第四卷，它是由马克思1861～1863年经济学手稿中有关历史部分编辑而成。恩格斯出版了《资本论》第二、第三卷后，年事已高，重病在身，就把出版《资本论》第四卷的工作委托给卡尔·考茨基。

恩格斯逝世后，卡尔·考茨基把这部分内容作为独立的一部著作出版，书名为《剩余价值学说史》，三卷，120多万字，几乎与三卷《资本论》的篇幅相当。

《资本论》考察的根本问题是剩余价值的性质、起源和它的诸多形态。在《剩余价值学说史》中，马克思继续围绕剩余价值理论这个核心问题，对17世纪中叶至19世纪中叶资产阶级政治经济学各个主要流派的理论进行了系统的、历史的阐述和批判，还对马克思主义经济学说的许多重要问题进行了详尽的论述，是《资本论》前三卷的补充，只有这样，才能把《资本论》的思想内容最深刻地揭示出来，所以说《剩余价值学说史》是《资本论》不可缺少的组成部分。

基于此，郭大力从1940年开始，就全力以赴翻译这本书，直到1943年全部译完。

1947年底，读书出版社决定出版《剩余价值学说史》，郭大力听到这个消息后十分高兴。1948年1月13日郭大力在给郑易里的信中写道："昨日接洛峰兄来信，知道出版社决定将《剩余价值学说史》付印，这自然使我十分高兴，这不但是实现诸兄的志愿，亦算实现我的志愿……因为洛峰兄已赴香港，这一回《剩余价值学说史》的付印，一定和前一次《资本论》的付印一样，可以由兄等完全决定。"

当时，读书出版社绝大部分人跟随黄洛峰撤到香港，除郑易里带领几个人编《英华大词典》外，出版社只留下范用、丁仙宝夫妻二人。《剩余价值学说史》仍是大部头著作，只靠范用夫妇完成校对等一系列出版工作，明显人手不够。而资金问题更是难办，自从1942年郑一斋去世，景明号财产转移，郑易里就和景明号的生意没有关系了。而且为了编纂《英华大词典》，郑易里已经从郑一斋的大儿子郑瑞之处要了3000美金。但天无绝人之路，不久郑瑞之全家移居香港，把自住的公寓让给郑易里居住，郑易里便用正蕃小筑的房子做抵押，从银行贷到银圆13379元，用于《剩余价值学说史》的出版，这才解决了资金问题。

郭大力为了使《剩余价值学说史》的排印、出版更加顺利，又对译文做了最后的校正，并全部誊清，对排式、装帧等也提出了具体意见，他把所有这些从福建陆续寄给上海的范用。

郑易里因为忙于编字典实在腾不出时间过问《剩余

价值学说史》的出版，一切事情都交范用夫妇负责。范用白天跑印刷厂，晚上在家看校样，当然这一切工作都要非常秘密地进行。丁仙宝则找了一份工作，维持家庭生活。在范用夫妇的努力下，这部洋洋120多万字的大书，只用一年时间，就由一个只有几个人的排字房完成了，用了300多令纸印刷成书。当时正值上海解放前夕，社会上十分混乱，这些书准备等上海解放再拿出来卖，所以就存放在一个万分保险的地方——苏州河附近一家银行的仓库里。

1949年5月，上海解放了！正当大家欢欣鼓舞，敲锣打鼓，满大街扭秧歌庆祝时，书店里摆出了崭新的《剩余价值学说史》，市民们很惊讶：怎么上海刚解放新书就出来了？！这批书成为郭大力和读书出版社给新中国的第一份献礼！

梦圆北京

在科学上没有平坦的大道，只有不畏劳苦沿着陡峭山路攀登的人，才有希望达到光辉的顶点。

——马克思

郑易里就是那不畏劳苦、奋力攀登科学高峰的人。

锲而不舍　精益求精

恩格斯的《自然辩证法》是郑易里翻译的，他从1936年就开始翻译，一直到1950年才出版，这真是一段"难产"的翻译啊！他为什么要翻译这本书？在翻译过程中他遇到了怎样的困难？在困难面前他是怎么做的？我们只要看看他在《自然辩证法》一书中的《译后记》（写于1950年7月1日），就可以找到答案。他写道：

在全中国解放后各城乡已积极走上生产建设道路的今天，在原子能已由伟大的社会主义先进国苏联逐渐使理论实现为到生产建设上的实用科学的今天，在米邱林学说已普遍引起一般自然科学界极大注意而同时成为一般科学在新方向上积极发展的一个优良模范的今天，恩格斯这一本巨著——自然辩证法，投射给我们的光芒，是愈来愈亮了，愈来愈成为科学海洋中航海者们所不可少的宝贵的塔灯。

马克思、恩格斯虽然毕生埋头在社会革命运动中，但是他们始终没有放松过他们对自然科学的研究。他们常常站在辩证法唯物论立场上总结了当时自然科学发展中的种种成就，发扬光大了自然科学的新的境界。这是马克思恩格斯各长篇巨著以及各零星散文中到处可以看到的重要的内容，这个内容，也就成了马克思、恩格斯思想理论的一个最重要的成分。

郑易里在他早期对哲学的研究中，认识到《自然辩证法》一书是马克思、恩格斯站在辩证唯物论立场，总结了当时自然科学发展中的种种成就写成的。此书发扬光大了自然科学的新境界，成为"科学海洋中航海者们所不可少的宝贵的塔灯"，作为"窃火"者，是必然要让这灯塔的光芒照射到中国来的，这就是他翻译这本书的目的。

紧接着，他分析了恩格斯写这本书的目的：

恩格斯在1873年就老早决心要写一本关于自然辩证法的大书了。他当时关于"自然辩证法"所拟定的三个中心思想是：（1）物质和（作为物质存在形式看的）运动的不可分割性；（2）种种运动形式的本质和研究这种种运动形式本质的种种科学（力学——物理学——化学——生物学）；（3）一种运动形式辩证法地向另一种运动形式的转化以及一种科学对另一种科学的适应。他在这一中心思想上首先所要批判的对象是资产阶级的唯物论，他打算站在最新的自然科学材料上指出：（1）形而上学思想方法和辩证法思想方法间的矛盾，（2）被黑格尔所神秘化了的唯心论辩证法和唯物哲学的"合理的辩证法"之间的矛盾。他特别强调说，为了他现在的自然科学，"从神秘主义辩证法中解放出来是绝对必要的"。所以，我们可以想见，他在当时（1873年年初）想写的似乎就是"反布希纳"那一类的文章了。他想在自然科学辩证法的探讨中去批判布希纳资产阶级唯物论的缺点以及布希纳那种把自然科学理论应用到社会科学中的勉强行为和改良社会主义的妄想。

恩格斯一是要用辩证唯物论总结自然科学中的种种运动形式和转化规律；二是要批判那些"神秘主义辩证法""资产阶级唯物论"，以免人们被其迷惑而误入歧途。

郑易里在《译后记》中介绍了恩格斯的写作过程：

1875～1876年他开始写作的就是自然辩证法论文中的导言。继后因为忙写《反杜林论》，直到1878年6月《反杜林论》完成后，恩格斯才回头开始他的自然辩证法的其他论文。1882年11月23日他给马克思一封信说，他现在必须赶快把自然辩证法写完才行了。不料马克思在1883年3月14日去世，以致恩格斯不得不搁下这一工作而奔忙那更加迫切的工运工作去了。

恩格斯去世前曾经整理过他有关《自然辩证法》的一切材料，他把它分成四个部分：

　　（1）辩证法和自然科学，（2）自然和辩证法的研究，（3）《自然辩证法》，（4）数学和自然科学。恩格斯只对（2）（3）两部拟定了详细目录，至于（1）（4）两部呢，就很难断定恩格斯原意是想怎样处理了。在以上四部中，除了他特为《自然辩证法》写作的论文和草稿外，恩格斯插进了他为其他著作写成的几篇作品，那就是《自然辩证法》旧序，《反杜林论》注解，《费尔巴哈论》补遗和《劳动在从猿到人过程中的作用》。

　　从这部分叙述可以看出，《自然辩证法》跟当年马克思写《资本论》一样，在没有成书的情况下作者就去世了，恩格斯留下的是《自然辩证法》的提纲和草稿。不同的是，马克思去世后，恩格斯继续整理并完成了马克思的《资本论》。现在恩格斯去世了，未完成的《自然辩证法》的运气就没那么好了。郑易里在《译后记》中写道："恩格斯在1895年8月5日去世后，《自然辩证法》和别的一些原稿就落到德国社会民主党机会主义领袖们手里去了。他们一直把它密藏着。继后手抄本传到苏联，自然辩证法才在1925年在莫斯科初版了德俄对照本。因为抄得既已错漏歪曲，又加当时俄文的误译乱译，所以这个版本是很粗草的。"郑易里做学问向来是踏踏实实、认认真真的，他绝不会把这种"粗草"的东西介绍到中国来。

不久，《自然辩证法》有了新的转机，郑易里在《译后记》中写道：

> 1927 年再版德文原版。1929 年再版修正版的俄译本。1935 年苏联马克思·恩格斯·列宁学院再照原稿修改订正，出版了新的俄译本。
>
> 日译本是由有泽广己和石滨知行两人在 1929 年底根据 1927 年的德文原版译成而在 1930 年作马克思恩格斯全集第 14 卷出版的。

郑易里在翻译前，认真研究了这些版本，在《译后记》中逐一进行了分析。他写道：

> 上面说到的这种版本是里雅沙诺夫编的版本，他在编辑上的主要缺点是（1）他对恩格斯写作《自然辩证法》的一切经过和恩格斯特为《自然辩证法》拟定的两个草案既没有加以细心的研究和了解，又没有严格地按照原稿年代次序加以纯历史性的整理，他只是按照他自己一时的主观乱编罢了；（2）他任意删弃了对《自然辩证法》关系极重大的两个草案；（3）他任意加入恩格斯并不是为《自然辩证法》所写成的卡尔·绍莱美尔一文。此外他虽然抽掉了夹在恩格斯原稿堆中而对《自然辩证法》无重要关系或全无关系的 5

页数学计算草稿，却保留下了恩格斯在原稿中删去的许多字句，使我们阅读时感觉到好像是直接看恩格斯的原稿一样，这可以说是他唯一的一点好处。

第一种中译本是杜畏之先生翻的，初版年代是1932年8月。他照纯主观的见解，把里雅沙诺夫不完全依年代整理后编成的材料排成下面的次序：（1）自然辩证法旧序；（2）辩证法科学之一般性质；（3）论辩证法——反杜林论旧序；（4）反杜林论的附注；（5）现代自然科学中之辩证法，（6）辩证法与自然科学；（7）读书杂记；（8）运动之基本形态；（9）运动之两种尺度；（10）潮汐摩擦；（11）热；（12）从猿到人；（13）精神世界中之自然科学；(14)电学；（15）费叶尔巴赫论摘录；（16）卡尔·绍莱美尔略传。再编排再整理是必要的，然而把半斤改成八两，不正是俗话说的"换汤不换药"吗？！进一步看看译文的内容，有许许多多地方倒真是换了药了，然而那是《自然辩证法》的药味吗？

《自然辩证法》的出版是一个艰难的过程——先是恩格斯的手稿被德国人密藏了；而后有人手抄了；再后出现了手抄本的德俄对照版，当然是遗漏错误百出；然后德文原版露面了，这使译者们有了真实可靠的依据；

再后来就有了苏联人、日本人、中国人的不同译本——真够艰难的!

那么以哪个版本为准来进行翻译呢?这是郑易里遇到的难题之一。"没有比较,就没有鉴别",郑易里正是在这种不厌其烦的、不畏艰难的研究比较后,确定了自己的取舍——以苏联马克思·恩格斯·列宁学院照原稿修改订正、出版的俄译本为准,进行翻译。

郑易里在《译后记》中,描述了自己的翻译过程:

> 我是在 1936 年秋天开始翻译《自然辩证法》的,因为种种关系,时译时停,所以一直拖到 1949 年 6 月(上海解放后一个月)才有翻完。我依据的版本是苏联马克思·恩格斯·列宁学院 1935 年改订过的俄译本和日本《马克思·恩格斯全集》中的版本。付排前曾经由郭大力兄对照 Clemens Dutt 的英译本校正过一遍。全稿付排后才得到苏联马克思·恩格斯·列宁学院 1949 年的全新的编译版。这个新版是对恩格斯写作《自然辩证法》前后经过并且对《自然辩证法》有关的一切文件加以细心研究和彻底了解以后才编译成的。这是一种很客观很正确的办法。它充分实现了恩格斯对完成自然辩证法的原来的计划。我们的工作已经是拖沓得比老牛上坡还更可怕了,自从得到这一个全新的版本以后,又只恨走快了一

步。只好依照这一全新的俄文编译本把编排次序彻底改正外并且又改正了照原有俄、日二译本译成的少数不正确的地方。译者对于外国文的修养十分粗浅，对于翻译本书应有的自然科学各学科的了解又极有限，因此译文中一定有许多欠妥的地方，希望读者随时给我一些指正。

从中，我们可以看出当郑易里完成翻译，全稿付排时，又得到了苏联马克思·恩格斯·列宁学院1949年的全新的编译版，怎么办？是就这么样出版呢，还是照新的更好的版本从头来过呢？对于一个不畏艰险的攀登者来说，不攀到顶峰是不会罢休的。郑易里选择了从头来过，他不惜花费时间和精力再次进行调整和核对，他要让

《自然辩证法》1950 年出版

自己的译本变得更完美，成为科学海洋中一座最亮的灯塔！这是怎样的锲而不舍，怎样的精益求精啊！

从1936年开始翻译，到1950年出版，历时14年之久，这中间经历了出版《资本论》及大量的革命读物，经历了编纂《英华大词典》，种种繁忙的工作，使他对这本书的翻译断断续续，但他始终没有放弃，他是以超人的毅力来翻译这本书的。他做了大量的研究，不光比较了不同译者翻译的不同版本的优劣，郑易里还购买了数、理、化、生多学科的中文、日文词典，认真研究这些学科的知识，把翻译做得更好。这一切都为的是给新中国的在"科学海洋中航海者们"点亮那"不可少的宝贵的灯塔"。郑易里意识到虽然革命成功，建立了新中国，但他的使命还没有完成，他要继续传播马克思主义的哲学思想，为新中国的强大，培养在正确哲学思想指导下的科技人才。他翻译的《自然辩证法》被各大学哲学系选作教材及重点大学理科生的选修教材，这令他十分欣慰，他的努力没有白费！他是一个真正的顽强的"窃火"者！

勤奋工作　淡泊名利

1945年抗日战争胜利，根据党的指示，生活、读书、新知三个出版社1948年10月26日在香港正式合并成为"三联书店"。1949年上海解放后，上海生活书店得到三联书店总店指示，由该店的编辑史枚约同该店前编辑刘执之和郑易里组成上海三联书店编辑部，这时藏在郑易里家三楼亭子间的账簿、书、纸型等也都得到"解放"，由史枚负责装了两大车并到三联书店去了。

1950年上海三联书店编辑部搬到北京，并入北京三联书店总店编辑部。艾思奇、黄洛峰、郑易里和其他的同事都来到北京，亲密战友、知心同事又见面了，大家无比高兴。郑易里在三联书店编审部任编辑，同时开始修订他1946年翻译的《自然辩证法》。

这时书店出了一件不那么和谐的事，书店成立了工会，这本来是好事，郑易里也是非常赞成的，他也积极提出参加工会的申请。不料，书店里有人说："郑易里有钱，是资本家，他没有资格参加工会！"郑易里回想从1936年到现在，自己任读书出版社董事长14年来，不但没有给自己分过红利，连工资都没有拿过，在经济上自己是只出不进，为书店出版革命书籍垫付约7万元之巨。在工作上自己集撰稿、校对、编辑、组织出版于一身，所有事情亲力亲为，没有一点董事长的架子。现在居然有人要把自己划归"资本家"之列！他这位中国出版马克思巨著《资本论》全译本的第一人，清醒地意识到被划为"资本家"的含义，他想：是离开书店的时候了！

郑易里想：自己从小喜欢搞农业，虽然进了农大，但是因为反对日本的侵略，参加"反日大同盟"中断了学业，经过了20多年的地下革命的紧张生活，经历了千辛万苦，现在终于可以放松了，自己搞农业的愿望，现在是不是可以实现了呢？经过黄洛峰（时任出版总署出版局局长）的联系，郑易里到了华北农业研究所（中国农业科学院前身）编委会工作。家也由朝阳门南小街三联书店宿舍，搬到了新街口。

郑易里到农研所后，他一味埋头工作，从来不提自己对革命的贡献。那时候，编委会出版的是《苏联农业科学》杂志，他任主编。同事们只是通过工作中的接触，了解到他懂英、日、俄三国外语，翻译编辑的水平很高，一些很难翻译、别的同事翻译不了的文章，到他手里就能翻译得顺理成章，所以编委会的一些重活、难活都是他在干。大家有疑难问题请教他时，他总是耐心细致地讲解，使提问者得到满意的答案，因而大家都很佩服他。他拿到稿费后，就请大家吃一顿。他有学问、主动挑重担、不摆架子、能帮助人，所以他在单位里人缘特别好。

1957年反右斗争开始了，郑易里接受了在三联书店不让他参加工会的教训，大会小会上从不给党组织和领导提意见建议，只是一味检查自己的主观主义、自由主义，检讨自己工作中的不足。他的谦虚谨慎保护了他，没有被打成"右派"。可是编委会主任叶笃壮的运气就没那么好了，"反右"以后他忽然因"历史问题"被捕了，虽然后来查明是冤案，被平反，但他已被关押了20年。

由于叶笃壮被捕，郑易里便被推荐为代理主任，但他一直不愿担任社会工作，他总说："我不是管人的材料，你让我做点学问，抓点业务，恐怕发挥的作用还大点。"领导只好让从农业部办公厅调来的程鸣之任编辑部副主任，主抓行政工作，郑易里虽然没挂主任头衔，但业务由他主抓。1960年《农业科学》杂志编辑部成立，让他当主任，他还是不当，他总觉得自己尽力做好工作就行了，有没有社会头衔没关系。

　　1957年，郑易里突然收到一篇稿件，译者叫江幼农，翻译的是苏联农业科学方面的材料，还附上一封信，说明自己身体伤残，但仍在努力自学俄语，翻译一些文章。当时郑易里看完稿件，认为他的翻译有一定水平，但不太相信江幼农身体残疾得有多严重，好在江幼农家住在西城区八道湾胡同，离郑易里家不远，郑易里就跑到他家去看他。郑易里一看见江幼农就被他的情况惊呆了，江幼农（时年25岁）12岁的时候因患类风湿全身瘫痪，仅有几根手指可以活动，江幼农每天工作的时候，需要用几个枕头垫着头，使他的上身微微抬起，别人帮助他把右臂搁在他胸前特制的小桌上面，两个能动的手指便夹着钢笔开始写作。郑易里感到这真是一个身残志坚的好青年，他应该成为人们学习的榜样，于是郑易里马上通知北京日报社，希望他们来采访，并把江幼农身残志坚的精神宣传出去。1957年4月5日《北京日报》发表了《战胜瘫痪的人》的报道，紧接着新华社以此为题发出新闻通稿，在全国各大报纸刊出，江幼农被誉为"中国的奥斯特洛夫斯基"。从此，便经常有少先队员、共青团员去看望江幼农，在他那间小小的屋子里过队日、团日，向他学习，这也给了江幼农不少慰藉和鼓励。一次记者去访问他时，他正在一心一意地修改他写的《关于植物无性杂交的科学资料》一书。他对记者说，这本书已经快改写完了，比原书增加好几倍，这是他继《营养小品》一书之后写的第二本书。郑易里知道后很受感动，又借给他许多书看，还给他讲解了文章该如何写。以后只要有江幼农文章寄到他主编的《苏联农业科学》杂志，他总是认真修改，尽量发表，来表彰他的精神和贴补他的家用。郑易里就是这样的爱才惜才，尽自己所能宣传、帮助身残志坚的年轻人的。但他从来不宣传自己，宣传别人、帮助别人却不惜余力。郑易里的高风亮节真是值得敬佩！

　　1958年是"大跃进"的年代，大家迫于形势每天都在"加班加点"，有事没事也要在办公室耗到晚上10点才回家，以表示自己紧跟形势。郑易里便跟主任说："下班了，我就不干了。我在8小时内好好干就行了，何必要白白地消耗时间呢！"确实，郑易里每天骑自行车上下班，路上来回要80分钟，从来不迟到、请假。工作时，从来不聊闲天，总是集中精力工作，工作效率非常高。他认为没有必要做的事，就坚持不做，决不跟风。那时候"浮夸风"盛行，农业亩产万斤的高产"典型"比比皆是，郑易里对这些弄虚作假的风气非常反感，他一直保持了清醒的头脑，坚持严谨求实的作风，才使得他主编的《苏联农业科学》杂志（1951～1958年）以及《农业科学》（1959年）、《农业科学译报》（1960年）没有跟风"浮夸"，成为在那个年代少有的真正讲科学的杂志。

1959年，中央统战部副部长徐冰给农科院党委来电话，要求农科院党委推荐郑易里作为列席代表参加第三届全国政协会议，领导让编委会主任程鸣之查阅他的档案，写个材料，填个表，报上去。程主任一看郑易里的档案大为惊讶：啊！原来郑易里是干过大事、对革命有大贡献的人！可是他从来不在同事面前炫耀自己的资历，从来都不争功邀宠，只是一味地埋头苦干、钻研学问，所以大家都不知道他的来头。那个年代能当全国政协委员的人都是社会上的知名人士，所以当大家知道他要列席全国政协会议时，更是对他肃然起敬。农科院外联处一个年轻干部非常崇拜郑易里，当他知道郑易里就在农科院编委会工作时，非常高兴，马上让编委会程主任带他去看看郑易里。当程主任把他带到郑易里那一小间办公室的门口时，他看到郑易里正专注地埋头工作，便高兴地跳起来，那表情分明是：我终于见到郑易里了！但他只是悄悄地动作，并没有打搅到郑易里，而郑易里工作时，向来十分专注，根本就没有发现有人在"参观"他。

从那以后，郑易里当选了第四、五、六届全国政协委员。在参加第六届全国政协会议期间他病倒了，便辞去了全国政协委员的职务。

1962年，有一次范围5%的提级涨工资的机会，那时候郑易里是五级研究员，是编辑部里工资最高的。程主任跟他说："这次5%的提级涨工资肯定要给你涨。"他一听说，马上讲："不要不要，我已经是工资最高的了，我的钱够花的，年轻人工资低，给他们涨。"后来，外交部给单位来电话问："你们农科院编委会的郑易里怎么才五级？级别定低了，必须给他提级！"于是程主任又去劝他，说："提级的事你不要顾虑，部里说你的级别定低了，这次是部里单提的，不占5%的名额，跟年轻人的涨级没关系。"他想了想，说："你说得也对，我以前的手下现在都是司局长了，跟他们比，我的级别是有点低。"这样程主任又一次查阅了他的档案，写了申请报告，填了表，报上去了，最后给他提为四级研究员。程主任调外单位后，每年春节都去看望郑老，他对郑老的崇敬之情溢于言表。

《英华大词典》的第一次修订

自1960年苏联单方撕毁协议撤走全部苏联专家，到1963年中苏论战达到高峰，中国认识到需要和世界加强联系，英语是与世界联系的必要工具，社会上对英汉辞典的需求量越来越大，而且随着政治经济的发展，科技的日新月异，郑易里感到这部辞典已经远远落后于形势。1964年，商务印书馆总经理陈翰伯根据当时形势和社会的发展约请郑易里全面修订《英华大词典》，由于曹成修在1955年受到潘汉年案的牵扯，以叛国罪入狱，所以郑易里只得独自一人开始进行全面修订。

郑易里每天上午在农科院编译农业杂志，下午在农科院的一小间宿舍里修订词典。由于国家对英语人才的迫切需要，修订《英华大词典》的重要性引起了党中央的重视和关心，国务院责成当时中宣部的于光远处长给农科院领导来电话说："中央对修订《英华大词典》很重视，也很迫切，这样一部大词典，郑易里一个人修订，半脱产怎么可以，要让他全脱产才行。"从1964年7月起郑易里全脱产修订词典，他在年终工作汇报中写道："字典与一般书籍不同，一字一句均需查对，然后删、改、编、排和中译，需要修改的地方又不少，所以较费工夫。精力充沛时，每日约能修订原稿4页（等于原书的2页，约等于汉字的5000字）。现已修订至974页，余568页（连补遗算在内），预计于1965年底初步完成。最初修订部分（约300页）当需再看一遍，加上其他事占去的时间，恐将推迟数月。"1947年刚开始编词典时是几个人一起"蚂蚁啃骨头"似的干，现在就他一个"蚂蚁"啃这"骨头"，需要多大的耐心和坚持啊！

为了集中精力修订词典，不受其他工作的干扰，他在农科院招待所要了一间房，吃、住、工作全在这一间房里。不久有人说他搞特殊化，后来他只好搬到集体宿舍，也是一间小屋，他和一个小青年杨占魁同居一室，好在杨占魁中午不回宿舍，郑易里在两个床铺上、书桌上、窗台上摆的全是打开的书。8月北京的天气又热又闷，郑易里光着上身，穿着短裤满身是汗地忙碌着，杨占魁回宿舍看见了，很受感动，他马上找领导要求给解决一台电风扇。领导考虑了一下，当时农科院只有外宾接待室有电风扇，目前不好拿出来。杨占魁闷闷不乐地回来和郑易里说了，郑易里马上说："不要不要，电扇一吹，我这些书就全吹乱了，开开窗户就可以了。"

郑易里是一位有心人，他知道各个国家的词典都需要几年增补修订一次，英华大词典也不例外，所以平时发现有用的新词或者新意需要增补时，他便用卡片记录下来。他在自己使用的《英华大词典》上发现需要修改的地方，便直接用蝇头红字在留白处批注、修改，日积月累下来，他手边的词典，几乎每一页都有红字，密密麻麻，成年累月积攒的这些资料，在修订辞典时都派上了用场。郑易里说："这里红笔写的只是业余时间从未间断的小修小改，后来进行全面修订，删改增补比这多得多。"

为了修订这本大词典，郑易里常常干到半夜才休息。修订的工作量很大，他要反复翻找各种资料，还要按当时突出政治的指示，在辞典中做到"政治挂帅"，彻底肃清"封、资、修的流毒"，把辞典中"带有封、资、修色彩"的词汇、人名、机构名，例如"妓女""皇帝""孔子""参议院"等词语全部删除，同时加入当时流行的政治词语，一旦弄不好就会犯"政治错误"。

"文革"时期，中国农科院和当时全国形势一样，形势很乱，打、砸、抢、抓横行。院党委书记陈照轩，在

"文革"中被迫含冤自杀。农科院各研究所的领导，甚至各科室的主任几乎都在挨整、挨批斗，各种大字报铺天盖地而来，只要是领导没有不挨整的，程主任回忆当时情况说："我这么一个小部门的小萝卜头领导都被整得七荤八素的，奇怪的是单位里没有人给郑老贴大字报，只有外语学院同学给贴了一张大字报，说《英华大词典》内容有封、资、修的东西，应该批判，其他内容的大字报就没有了。"事情确实奇怪：第一，从历史上看，1930年他做地下工作时，周围的很多同志都被捕牺牲了，他逃脱到上海，与党组织失联了，甚至还有人怀疑他是"叛徒"；第二，后来在三联书店他被视为"资本家"；第三，从学术上看，通三国外语，编纂《英华大词典》，也可算是个"学术权威"吧？这三条都够挨整的资格。对第一条，军宣队进驻后，让他进了"历史问题学习班"，在里面呆了20天，最后军代表跟他说："老郑啊，你的历史问题查清了，你没事了，你该干什么就干什么去吧。"郑易里一听，一身轻松，便继续修订他的词典去了。第二条，他在书店的人缘极好，不光往书店大量垫钱出版革命书籍，还不拿红利，甚至连工资都不拿，哪有这样的资本家的？大家都不把他当资本家看待，把他当资本家的只是个别人，小鱼翻不起大浪。第三条，学术上虽有点"权威"，但谁敢说他编纂的而且这么多人都在使用的工具书《英华大词典》是"反动书籍"？谁敢说他出版的《资本论》，他翻译的《自然辩证法》反动？再加上他在单位里一贯的好人缘，郑易里在"文革"中没有挨整的"奇怪事"就天下大白了。在"文革"中，像他这样能够脱开轰轰烈烈的政治运动，既不整人，也没有被整，还能被特批专心搞业务的人真是屈指可数啊！

虽然他可以不参加政治运动，但不停吼叫的高音喇叭使他不能专注地工作。为了躲避高音喇叭的干扰，他每天都在清晨4点起床，趁环境安静头脑清楚抓紧时间补充修改大词典。后来他跟领导反映了这一情况，领导便批准他在家里上班，他就回家修订词典去了，一连几个月没有去农科院，工资是叫他小女儿郑珊去领。"文革"中郑易里所享受的这种待遇，足可以让当时全国的知识分子羡慕得不得了。

历时4年，到1968年末词典修订完毕，郑易里请商务印书馆来取书稿。不知为何，商务竟派了一辆大卡车，由党凤德带领四五个人来拉书稿，这件事让农科院很是热闹了一阵儿，其实书稿就放在一个60厘米×30厘米×50厘米的小木箱里。

书稿拉走不到3个月，驻商务印书馆的军代表打来电话说，现在中央号召战备疏散，商务印书馆的人和重要资料都要疏散外撤，这部词典的修订稿很珍贵，怕在疏散中遗失，让郑易里自己保管。郑易里借的小屋已经还了，家里又随时有被红卫兵抄家的危险，考虑再三，他请商务印书馆帮他把书稿拉到在东郊某农场的侄子郑琮家中存放了起来，他哪能料到这部书稿一放就是10年。

词典的第二、第三次修订

1978年，商务印书馆全部人马返京，很快恢复了正常工作，商务印书馆考虑到社会需要，想出版一本更完善的《英华大词典》。可是10年过去了，社会政治环境又发生了很大变化，"文革"中删掉的字眼，现在又要恢复了，而"文革"的政治词汇又要逐条分析、删除。何况十几年来，随着社会生活的变化和科技的发展，国外也增加了许多新的词汇，对辞典必须进行大量的调整和修订才行，可这时的郑易里已是73岁高龄的老人，已无力一个人在短时间内修订完这部大词典，于是商务印书馆又请了胡学元、刘邦琛、沈凤威3位专家，加上郑易里，4人各分四分之一进行修订。

由于"文革"时期的破坏，我国外交、新闻、外贸、外联等领域的英文释义被搅得很乱，据说当时外交部曾给各有关单位发文，大意是对外一切中英释义对照，以郑易里主编的《英华大词典》为准。一本工具书在特殊时期有这么大的作用也真是少见。

修订完成不到一年，社会情况又发生了很大变化。1980年，商务印书馆又组织力量在以往郑易里修订的基础上进行再修订，特别聘请郑易里为首组成一个修订班子。20世纪80年代全国出版会议特别邀请郑易里出席，拟定再版《英华大词典》，希望他能对《英华大词典》进行增删。这个时候，郑易里去看望多年不见的好友刘惠之时，谈到自己的苦恼说："原稿加注解要用汽车载，苦我一时难得修删、补充，若不修改又不尽满意。"刘惠之鼓励他尽力而为，还是希望他能再版，给读者方便。1981年，修订的初稿完成，但过去那种剪贴方法行不通了，印刷厂不接受这样的"不正规"的稿子，商务印书馆只好请人抄誉，整整抄了一年才发排。

1984年，这本因为"文化大革命"的干扰而延误出版的《英华大词典》，经过十几位专家两次补充和修改，由商务印书馆正式出版了，这距1950年的第一版已过去了30多年。这部辞典不仅包括了政治、经济、科技、生活等各方面的词汇，甚至还能查到美国的常用俚语，成为当时中国内地和海外销量最大、最具权威性的辞典。

《英华大词典》第二版的《前言》中写到新版《英华大词典》的修订过程：

> 《英华大词典》原系郑易里、曹成修二位同志所编，成稿于解放前；1950年由三联书店在上海出版。1957年，由当时的时代出版社约请尚永清、张景明、陈羽纶三位同志就原纸型进行挖改的修订工作。六十年代，我馆委托原编者郑易里同志根据国外同类型的词典做过一番修订工作，但由于种种原因，未能付排问世。1978年，我馆编辑部根据少量增补、小规模修订的原则，又请

郑易里、胡学元、刘邦琛、沈凤威四位同志在郑的修订稿的基础上分别负责A～D字母，E～L字母、M～R字母和S～Z字母四个部分的增补修订工作。1980年初，我馆重新组织力量，对该稿进行增补、审订和加工整理工作，至1981年初完成初稿后陆续发排。在发排过程中，考虑到国内外英语词典发展的新形势，又由党凤德、徐式谷两同志对校样做了一次全面的修改和增补。

这几年中，先后参加过本词典部分审订加工和整理定稿工作的同志，有王白石、刘邦琛、刘秀英、任永长、沈凤威、李华驹，陈少衡、陈羽纶、陈作卿、林光、欧阳达、费致德、姚乃强、徐式谷、党凤德、曹丽顺、戴钢等同志（姓名按汉字笔画顺序排列）。本书在校对改版过程中，内容改动较大，承北京第二新华印刷厂排版改版同志和我馆校对科同志积极热心协助配合，使增订工作得以顺利进行。对本词典的修订出版予以支持协助的还有外单位的和本馆出版部的以及外语编辑室的一些同志。对这些同志在此致以衷心的感谢。

《前言》中提到新版《英华大词典》增收了大量新词：

新版《英华大词典》在收词上，除保留旧版百科性条目和俚俗语词较多的优点外，并对旧版做了大量补充。新版增收了《英语新词词典》(商务印书馆，1978) 的全部三万词条，又参照国内外同类型的词典，另行增补一批新词，并特别注意补收了旧版所忽视的"构词成分"（combining form）。这样，本词典的词目，包括缩略语、复合词和派生词在内，在删除旧版中个别过于冷僻的词目后，总数已达到十二万条以上，总字数约六百万字。

就这样，诞生于1950年的《英华大词典》在郑易里和商务印书馆众多同人的共同努力下，获得了新生。郑易里和最初参加编纂词典的曹成修、刘龙光、郑康伯等都是懂几门外语的"大手笔"。到了修订版，拥有我国英语辞书编纂精英的商务印书馆的十几位专家全力加入修订工作，大大充实了这部词典，这本词典，实际上已是中国内地英语词典编纂精英们共同的智慧结晶了。

1984年12月19日英国首相撒切尔夫人访华，同中国政府签订了中英两国关于香港问题的联合声明。撒切尔夫人回国时，当时中共中央总书记胡耀邦赠送了她两件国礼，其中一件是刚刚由商务印书馆出版的，郑易里主编的《英华大词典》。撒切尔夫人当然不会知道这本装帧精美的大词典，是当年郑易里等人靠手工作业的土方法编写出来的。

空前"长寿"的词典

在这期间，还有几个感人的故事。1989年郑易里和郑珑到中国贸促会专利代理部去申请专利时，贸促会的"后生"们拉着郑易里的手说："这个大楼里的人都是用着您的字典长大的，我们都是您的学生！"崇敬之情，无以复加。前些年，郑珑由于工作关系认识了40多岁的北京大学的曲教授，他跟郑珑说："我父亲上中学时用的就是郑老的《英华大词典》（1957年时代出版社的袖珍本），到我上中学，父亲就把这本早已翻旧了的辞典给了我。现在我的儿子又上中学了，这本辞典实在太旧了，我就让他重新买一本，但是我嘱咐他，一定要买郑易里的《英华大词典》。"1994年，郑珑在马来西亚参加中文信息研讨会，中国驻马来西亚的大使也赶来参加，他握住郑珑的手说："回去向郑老问好，我从中学就用郑老的辞典，对我帮助太大了。"

当然，对于编者郑易里的英文水平也有个别人有不同看法，最近我们在网上发现有一位新加坡联合早报记者高极登先生在文章《向郑易里先生致敬》中披露：有人说"郑易里并不精通英文，但精通日文，他是通过英和字典，了解个别英文字的意义，再把它们写成中文的"。大家都知道要编纂这么大部头的词典，没有博大精深的知识、没有相当的英文水平、不懂得编纂学是根本不可能完成的，这是一般常识。记者高极登先生披露出的这种说法是否正确，我们想大家自会评判。

1997年，《英华大词典》又到了非修订不可的时候了，这时郑易里已年过90，再也无力参与修订了，参与了第二版修订的徐式谷先生接过了接力棒，扛起了修订第三版的大旗。而据徐式谷先生的文章介绍，这部辞典到修订第二版就已经销行近70万册。2000年8月，《英华大词典》第三版出版，在它的封底上，商务印书馆特别标出："50年精益求精的结晶"，"充满时代梦想和历史光荣"，"五六七十年代独领风骚，八九十年代风行海内外，二十一世纪新版面世！"的字样。

徐式谷先生在第三版修订者前言中回顾了这部大词典的"成长"过程，指出：

> 《英华大词典》自20世纪50年代初问世，迄今已近半个世纪。在20世纪70年代以前的二十余年中，它曾是我国市场上唯一的一本由国人自编的中型偏大的英汉词典，对当时的英语翻译与教学发挥了重要的作用。20世纪70年代以来，各种英汉词典的编纂出版日渐繁多，而《英华大词典》也在20世纪70年代末和20世纪80年代初作了全面的修订，于1984年出了修订第二版（修订经过详见后文"修订第二版前言"）。经过修订的《英华大词典》第二版的篇幅比初版几乎扩

大一倍，面目焕然一新，它作为一本语词和百科条目兼收的"大学版"词典，由于其篇幅适中，选词精当，词汇量大，释义和例证的译文使用规范的现代汉语，特别是中国人学习和使用英语中难度很大的英语习语、口语和俚语在词典中收集得非常丰富而实用，因而仍然是深受读者欢迎的一部中型英语工具书，出版后多次重印，已在内地和香港地区销行近70万册，并曾被作为官方正式礼品赠送给于1984年访问北京的英国首相撒切尔夫人。

然而，《英华大词典》自第二次修订至今又已10余年，因此出版者利用这次重排繁体汉字本的机会邀请我们对全书再进行一次修订。我们所做的修订工作有以下几个方面：一，改正了若干

各种版本的《英华大词典》

文字内容和技术上的疏漏和错讹；二，增收了近年来涌现的英语新词近三千条以及若干新的词义和短语；三，鉴于国际上美国英语使用日益广泛，故而在原有的英国英语注音之外，我们又增加了K.K.音标的美语注音；四，一部分科技术语与地名词条增加了香港、台湾等地的流行译法；五，改进了规格体例，使符号和字体更加醒目，便于读者查阅。

在"60年60本最具影响力的英语教育出版物"的评选中，排行第一的是《英华大词典》，并评价其意义："中国人民自行编辑出版的一部大型英汉词典，1947年由郑易里在上海开始编辑，曹成修与他合编，1949年完成初稿，1950年在上海出版。《英华大词典》自20世纪50年代初问世，迄今已近半个世纪。在20世纪70年代以前的二十余年中，它曾是我国市场上唯一的一本出国人自编的中型偏大的英汉词典，对当时的英语翻译与教学发挥了重要的作用。"

郭启新在《国外英语学习词典例证概况及其对语料库的应用》中写道："英语对我们来说是外国语，我们编纂的英汉词典主要是为了适应中国人学习英语的需要。从这一点来说，我们编纂的英汉语文词典类似于前面列举的学习词典，但是又不完全相同。《英华大词典》基本上代表了国内英汉语文词典，尤其是此类大中型词典的发展方向。其编者已开始自己动手，博采众长，建设第一手资料语库。这在我国英汉语言研究和词典编纂领域还是不多见的。"

曾经编纂《英汉大词典》的著名教授陆谷孙先生在《老蚌出新珠——〈牛津高阶英语词典〉（第六版）代序》中写道："我是1957年进的大学。由于中学连续六年'一边倒'学俄语，初入英文系从ABC学起，尤需合用的词典。……我等的英文之所以能够达到今天这么一点水平，郑书功不可没。《英华大词典》内容赅通，对于第二次世界大战前后美语各种用法的记录尤为详备，查得率高，其主要功能集中在receptive方面，亦即帮助读者求解释疑……"一部词典是否好用，关键在查得率，陆谷孙先生在此给了《英华大词典》以足够的肯定。

美国微软公司的Office XP中，把《英华大词典》作为电子辞典的内容。他们经过严格的科学论证，认为在众多类似的辞典中，这本辞典选词更精细得当，词汇量更大，释义和例证规范，对英语的习语、口语和俚语收集得相当丰富、实用。他们不但以它作为OfficeXP中的英汉辞典，而且在以后的机器翻译、语料库、网上线上等方面也将广泛应用。

到目前为止，《英华大词典》的销量早已超过100万册了。一本书经历了半个世纪还在出版，印数那么大，它已经成为国内空前"长寿"的词典，这是令所有参与编纂词典的同人感到最欣慰的。而尤其令人充满敬意的是郑易里——这位时代的前瞻者没有浪费过一刻时间，在那个风起云涌的年代，他却抒写下惠泽众多英语学子的卓越篇章，这种精神怎能不令人敬佩！

郑易里的终生奋斗——"郑码"的产生和发展

汉字，从山东大汶口的陶器上的汉字雏形算来，已有5000多年的历史了，单说甲骨文也有3000多年了。这种世界上流传至今的古老文字，承载着中华民族灿烂的文化。

这一时期的郑易里虽然全身心地投身于革命洪流之中，但是对祖国的文化更产生了浓厚的兴趣，在学习和研究理论著作的过程中，他更为中国的方块汉字着迷。他看到外国人写文章用打字机，速度很快，甚至能跟上口语的速度，中文为什么就不行呢？于是他开始对比西方字母文字和汉字，感到西方文字是线性文字，英文的所有字词都脱不开26个字母，它容易拆解，检索也很容易，因此容易机械化操作；而汉字是平面文字，不容易拆解，要用机器书写汉字，首先要解决的就是能对汉字快速检索。

这个问题时时萦绕在郑易里的脑海中，于是在学习之余以致后来的工作之余，拆解、研究汉字、研究汉字的检索就成了他最大的业余爱好。

1930年，年仅24岁的郑易里根据自己对汉字的理解和思考，给上海《时报》投书，提出汉字六笔画（点、横、直、斜、弯、纽）说，主张汉字应该按照笔画顺序排序检索，如果用这种检索法来编字典，查字速度能大大加快。虽然文章中所提出的说法还很有限，但是却引起一些汉字学家的关注。这时郑易里已经从自己的研究中看到了一线曙光，他坚定地认为：不能全面否定汉字！一定要想办法解决快速检索汉字的问题，把汉字书写变得像西文一样能机械化快速处理。这个想法成了他日后毕生艰苦奋斗的事业。

经过从20世纪30年代初到1947年十几年的研究，郑易里已胸有成竹，他创造了"六笔查字法"，并进行了大胆的实践，把它应用于1950年初版的《英华大词典》的中文索引中，郑易里就正式采用了用阿拉伯数字1、2、3、4、5、6做代码，代表点、横、直、斜、弯、纽6种基本笔画的一种简易检索方法，这种检索方法为汉字人工快速检索开创了一条新路，这也是有记载以来中国第一个汉字检索简易代码化的成功案例。《英华大词典》的出版使郑易里的两个夙愿得以实现——编一部好用的英汉大词典和创立一种全新的汉字快速检索法，二者完美结合在一部大词典中，这犹如双喜临门，郑易里沉浸在喜悦当中。但他也清醒地知道，这离机械化快速处理汉字还有很大距离。

中华人民共和国建立后，1950年郑易里随三联书店来到北京，后转入华北农业科学研究所（中国农业科学院前身）做编审工作，主编《苏联农业科学》和《农业科学译报》等农业科技刊物，编辑审校了大量苏联和世界先进农业科技译文，把国外的最新农业技术和农业经济政策介绍给中国的农业科技工作者，为年轻的共和国的农业科技发展起了推动作用。

在此期间他了解到1946年2月，世界上第一台电子数字计算机（ENIAC）在美国宾夕法尼亚大学建造完成，计算机的神奇功能引起了他的注意。随着20世纪50至60年代世界信息产业的飞速发展，郑易里敏锐地意识到，要使计算机技术在中国得到广泛应用，必须使汉字潇洒地进入自动铸排机和计算机，只有这样才能利用世界上最先进的信息处理技术，推动中国的科技进步。

郑易里追随着时代的步伐，并且力争走在科学的前沿，当计算机在国内的应用还处于凤毛麟角之时，他便已经想到汉字如何输入计算机的问题，开始了计算机中文处理的研究。1959年，郑易里列席参加第三届全国政协会议时，在会上提交了关于汉字编码的提案。当时条件很困难，他找到范用帮忙，把他的研究成果印刷出来。范用找到出版社的周文熙、杨寿松和陶膺商量，因为郑易里写的大多不是完整的汉字，不好用打字机打，他们几个人就利用业余时间分头用最原始的刻钢板的方法，把他的稿子刻出来，油印装订好给他送过去，即使这样很粗糙的东西，郑易里拿到后仍然很高兴。

郑易里清楚地知道计算机查汉字实际就是汉字检索代码化，而汉字编码的实质就是把平面文字变成线性传输。从这时开始郑易里的研究方向已由汉字快速检索向汉字输入编码的研究领域转移了。他一方面关注着计算机技术的知识，经常到图书馆查阅有关的外文资料，一方面研究古今汉字检索的演变过程。他看了中国的第一部词典《尔雅》的编检体系，认为无可借鉴。他研究了采用音序法编检的三国魏代李登编写的《声类》、唐代颜元孙编的《干禄字书》、唐末僧人守温制定的"见溪辟疑"、民国时代的注音字母以及新中国成立后推行的汉语拼音，他认为音序法查字发展到汉语拼音已经很好了，但它必须先知道这个字的正确读音才能从字典中寻查到这个字，如果你不知道这个字的读音，就无从寻查了。他又分析号码法查字，一个是电报代码，它只能通过号码查汉字，而且字数有限；另一个是四角号码查字法，它不是一码一字，而是一码多字，完全不符合汉字检索的科学性；他研究了（汉）许慎撰、（宋）徐铉校订的《说文解字》，许慎是东汉经学家、文字学家，他在撰30卷《说文解字》（成书于汉和帝永元十二年，即公元100年）时，将当时的11000多个汉字进行了系统的整理，为了检索的需要，他创立了汉字的部首，那时使用的是篆书，他创立了540个部首，其中绝大多数是囫囵一体、不能拆分的独体字的部首，"据形系联"，分为14篇。这是汉字按字形特征总结而成的最初的科学分类，是汉文字学上一个很大的进步。但后来篆书变成了楷书，情况发生了很大变化。到了明朝的梅膺祚，把540个部首简化成214个，在其之后的100多年，清康熙五十五年（1716）张玉书和陈廷敬担任主编编纂的《康熙字典》就完全沿用梅膺祚的214个部首，这时汉字已达到47000多个。到现在，中国人几千年来陆陆续续创造的汉字已是近10万个形状各异、千差万别的图形。这近10万个图形虽然有214个部首来规范它们的检索，但检索起来仍然很复杂，因为汉字的部首可以在汉字的上、下、左、右、内、外存在，有一些汉字，连研究汉字的专家都很难立刻确定它的部首，还有一些字中含2个或2个以上的部首，就出现了同一个字在不同的字典中选用不同的部分做部首的情况。即便确定了部首，还要数部首的笔画、数这个字的笔画，而且一定要把整个字写完，才能知道这个字的笔画数，这样下来查一个字往往要好几分钟，还是太慢，无法实现快速机打。

虽然部首查字法有不足，但毕竟部首能统领上万汉字，所以郑易里便深入地分析部首法的问题所在。他对《说文解字》中的540个部首和1万多个汉字进行统计，他发现部首的设置不合理，大部分部首，每一部统领的字不多，而少部分部首，却统领了很多字，分布极不均衡；再就是数笔画，极少有人能一眼看出字的笔画数，不甩掉这个包袱就不可能快速处理汉字。郑易里通过深入的、耐心细致的分析弄清了部首法检字的问题所在，便找准了下一步的研究方向：彻底抛弃从汉字笔画数入手的查字方法，还是要从字的首笔笔画和部首下手，即从字形下手才是科学的研究方向，因为从人的认知过程看，字形是一眼就能识别的，只有这样才能快速检字。

方向有了，但要落实到具体应用，又谈何容易。他不断地学习着，甚至把邮电大学的教材拿来看，学习二进制。他感到线性文字（如英文）的信息含量不够丰富，但易于做成二进制代码；作为平面文字的汉字，信息含量十分丰富，但要做成二进制代码则困难重重。他还从报纸上获取点滴信息，他跟孩子们说："你们看报纸或看杂志上有关这方面的内容就剪下来给我，我有用。"总之，他不放过一点一滴有用的知识，不断地修改着他的编码方案，不厌其烦地在汉字堆中拆字、编码，他的书桌上有一个30厘米×30厘米×40厘米的抽屉匣，有6个小抽屉，里面装满了2厘米×10厘米的小纸条，每一个纸条上是一个汉字的起笔笔画、笔型、字型、部首、能拆分成哪几个部件等信息，他就是这样脚踏实地一步一步摸索着前行。

1959年美国国际商业公司（IBM）实现了把汉字输入计算机的技术，他们设计的卡德韦尔汉字打字机，按每字笔画顺序打制孔码，能打2333个汉字。其后，有photon公司的"辅键式汉字打字机"，能打5040个汉字，但每次必须在168键的大键面上标出的5040个汉字中找到所需之字，右手按下该字所在大键，左手按下标有该字字位码的一个辅键，电脑才能把该字反映出来，辅键共有30个，用起来非常麻烦。

进入20世纪60年代，日本、美国、加拿大、苏联，及中国台湾、香港等地的专家们，力图将汉字快速地输入计算机的各种方案竞相出现。他们在168个大键、30个辅键的方案基础上缩小，于是不断有108键、96键、87键、64键的报道出现。

1964年他在年终工作汇报中写道："解放前曾为《英华大词典》中文索引拟制《部头查字法》（六笔查字法）。经过10余年来摸索研究肯定此法可用于改进电报技术及中文打字技术。1964年首经我院办公室介绍前往邮电科学院洽谈，该院经过研究对比，认为此法可行。其后多月尽可能挤出时间，我女儿在中学教书，利用寒、暑假的时间协助我，断断续续半年多的时间初步制成了9000多个汉字的四码卡片，并总结成《汉字四拼字码方案》20000余字。1964年底曾由邮电科学院征得我院党委同意，派来邮电专业毕业生二人前来学习，并协助我在这一方案基础上做一些应有的研究工作，并将制订第二、第三个方案，以便和第一个方案对比，然后再总结出一个最理想的方案，交该院业务部门试用。很希望这一工作能对我国社会主义建设有所贡献，故投入较多精力和时间，词典修订进度难免受到影响。"

就在这一年，对汉字检索和编码已有很高造诣的郑易里推出了《汉字四拼字码方案和打字》的完整方案，想彻底改革中文电报技术。他将研究成果的油印稿送交给邮电部的某研究所，期望能在汉字大键盘打印机上得以应用。在这部著作中，他认为汉字是由一个或几个单元构成的，而这些构字单元就是独体字，其中绝大部分是大家熟悉的部首。为此，他把这些构字的基础单元称为"字根"，意思是构成汉字的根源。从20世纪60年代初，他的思维已经从利用笔画代码升华到利用字根代码给汉字编码了。可以说，这就是今天计算机系统中普遍使用的"郑码"和"五笔字型"输入法的理论基础和编码方案的雏形。这个方案，已经实现了只用32键将汉字拆根编码输入计算机。尤其是他经过大量分析统计，认为每个汉字最多用4个代码是检索汉字最精炼、最科学的码数。他将这个方案汇报给邮电部后，邮电部当即派了两位技术人员配合他完善和实现这个方案。郑易里还书面向中国科学院、邮电部等单位建议组成协作组，运用世界上刚刚兴起的电子计算机来迅速攻克处理汉字的难关。他的这个建议比后来著名的"748"工程（即汉字激光照排项目）的提出早10年。

随后，"文化大革命"爆发，邮电部的两位技术人员撤回，试验被迫中断。在那艰难的岁月中，一边应付着突如其来的政治运动，一边修订他主编的《英华大词典》，一边注视着国外汉字输入计算机的各种方案的进展。他心急如焚，又无可奈何，只有自己孜孜不倦，日夜孤身奋战。1970年，郑易里创制出"二码"即"字根说"。1971年中国农业科学院情报研究所成立后，郑易里调入情报研究所检索室进行计算机汉字输入研究。

1974年8月在周恩来总理的关心下，国家组织了攻克计算机中文处理的"748"工程。到"748"工程开始时，他的字根编码理论和方案已引起各方面专家的重视和称赞。1978年8月"748"工程成功地攻克了计算机处理汉字的编辑排版和激光照排技术，《光明日报》做了报道，并公布了照排样张，轰动了国内外汉字印刷界。可是它的汉字输入法是拼音法，由于汉字重音字多，导致输入时重码率高，输入速度慢。就像计算机运算速度已是高速公路，而输入法却是牛车！郑易里坚定地认为要实现快速输入，还得是形码输入法！

这时，郑易里已经感到研究电脑编码输入技术不懂电脑是无法深入探索的，于是，已经年近70岁的他开始学习计算机的知识。他买了很多介绍计算机的书，了解计算机的工作原理，但他觉得中文版的书还不能满足需要，于是就去查阅原版外文资料，同时还要进行反复的近乎枯燥的试验。他还研究了汉字的图形结构，要把汉字输入计算机，就需要解决把平面文字（汉字）变成线性传输的问题，他感到这是一个前所未有的难题。

郑易里考虑到通用计算机的键盘上主要是26个英文字母键，如果能把每一个汉字，分解改编成机器能读识的代码，而且只用26个代码制作出含有几千常用字，甚至几万汉字的字库，就能实现用计算机打字。尽管那些年有修订《英华大词典》的重任在身，但他只要得空，就抓紧研究汉字编码的问题。

1980年11月，郑易里与邮电部第七研究所合作，率先创造了26键输入方案，首次在世界上完成了只用A～Z26个通用键位将汉字字根代码化的汉字输入法——计算机《26键位汉字拆根输入码方案》。他们运用这个方案对《标准电码本》内全部9324个汉字，以及《标准电码本》中没有，而收入《新华字典》（1979年修订本）中的

1726个汉字，共11050个汉字进行了编码，重码字130个，占总编码字数的1.2%。这个重大成果，已大大领先于当时国外所有公司和专家研究的汉字输入成果，率先攻克了26键通用键盘大关！当时，双方约定对方案保密，争取资金实施。后来，邮电部单位调整，人员离去，又只剩下郑易里独自奋战了。

郑易里对汉字结构和笔画的研究开始倾注越来越多的精力，费尽心力探索几乎是没有规律、自然成长的几万汉字。他利用业余时间反反复复地研究几万个汉字的笔画，他从对立统一的哲学观点对汉字笔画的种类进行了更科学的分析，把《英华大词典》中"六笔查字法"的"点、横、直、斜、弯、纽"的提法，改进为"横、竖、撇、捺、弯、拐6种笔画，他认为从笔画的方向上看，横和竖，撇和捺，弯和拐存在着对立的关系，而这三组互相对立的笔画又和谐地统一在一个个汉字之中，这6种笔画实际上就相当于英文中的26个字母。然后他对部首逐一分析，对4356个汉字进行频率统计，找出汉字字体中由笔画组合成的最基本的结构单元——元根，即"元始字根"，共95个。并由此给部首下了一个定义——字形中起笔处一共通元根即为部首。这样就把几百年来沿用的214个部首简化成100个部首，而且还避免了同一个字选用字的不同部分做部首的情况。光有这些还不够，郑易里又从字的起笔一笔与其他笔画的关系，把元根的形态特征，归纳为"单、散、连、交"四种形态，反映了汉字的元根作为一种平面图形，笔画与笔画相互间的位置的规律性，这一规律的发现，可以说是把汉字图形变成线性传输的重大突破！因为笔画间的"单、散、连、交、左右、上下"等关系是一眼就能看出来的。郑易里就顺着这样一个思路深入研究下去，终于找到了用汉字的六种笔画统领几万个汉字的办法，即"一笔查字法"。用这种方法查字，完全不用数字的笔画，只要看字的起笔一笔和字形，就可以确定字的代码，为汉字的快速检索奠定了理论基础。通过一年又一年坚持不懈的研究，终于他在摸索中建立起按汉字字形特征编码的完整检索体系。

1980年郑易里已是74岁的高龄老人，他把自己的研究成果写成专著——《从人查字到机器查字》，这部专著考察了中国古代汉字的演变并分析了现代汉字的属性，他的"一笔查字法"使汉字形成了"笔画—字根—整字—词语"的序列，建立了完整的科学体系，为汉字的人工检索理论做了科学的论述，开创出一条新路，成为整个中文输入的理论基础，后来产生的各种各样的汉字字形编码都源于郑易里的这一"字根说"。《从人查字到机器查字》也因此被学术界誉为奠基性的科学著作，是中文信息产业的理论基石。郑易里则被称为电脑汉字形码理论体系的奠基者。

至此郑易里并没有停止他的研究步伐，他知道光停留在理论上是不够的，必须要让汉字能顺顺当当地输入计算机，这种输入法要完全符合国家文字规范，要容易学，而且速度要快，要达到人的正常语言速度，每分钟200个汉字以上。他不间断地实践着，完全沉浸在汉字输入法研究的领域之中，即使在与朋友刘惠之、石铭等相约游览明十三陵时，一谈到电脑汉字输入法也总是兴奋不已。

1981年郑易里在中国农业科学院情报研究所专职从事计算机中文处理研究，并主持了情报研究所的"汉字字型信息26键输入编码"研究课题小组。刚开始给郑易里配备了两个年轻助手——孙国凤和卢文林。郑易里负责理论方面和具体怎样拆根、编码的指导工作，孙国凤、卢文林二人负责字的拆根、编码。有了助手的协助，使得郑易里如鱼得水，为他把更多的精力投入设计更好的方案创造了条件。他选了3000多个常用汉字做实验，为了避免重码字，他反复修改方案，哪怕只改动一个字根，就会"牵一发而动全身"，所有字都要重新拆根、编码。因为当时没有计算机，只能利用情报所印刷厂找来的小纸条来拆根、编码，孙、卢二人遇到问题再找郑易里研究修改，然后再拆根、再编码。这样反反复复经过上百次枯燥的、机械的拆根、编码，研究成果终于在1983年初具雏形，由郑易里执笔写出《26键位汉字拆根输入码方案》（署名郑易里、孙国凤、卢文林），并且在北京召开的中文信息处理技术大会上进行了内部交流。国家科委主任方毅十分关心郑易里的课题研究，几次约请郑易里谈话，听听郑易里有什么想法和要求，并从中央给予支持。

课题研究的后期，情报所先后购进两台IBM计算机，这在当时是最好的计算机，有了计算机郑易里就像得到了大宝贝一样高兴：终于能在计算机上进行实际操作的试验了，几十年的艰辛探索是否成功，就靠这两台"宝贝"了！这时急需懂得计算机的人才和具体上机操作的人，于是1983年情报所又调配给课题组邹新玉、叶宝、李迪3人。郑易里带领着卢文林、邹新玉、叶宝、李迪4个年轻人（1983年因为工作需要，孙国凤调到另一课题组）继续反反复复、不厌其烦地在计算机上进行试验，汉字输入计算机的方案经过《中农9号汉字26键拆根输入码方案》《中农10号汉字字型信息输入码方案》《ZN54电脑汉字26键拆根输入码方案》和《ZN（中农）电脑汉字26键拆根编码方案》的几十次研究修改、完善和提高，经过5年的艰苦努力，最终在1985年5月推出了郑易里的《ZN电脑26键汉字拆根编码方案》——"郑码"，在中国农科院的大力支持下通过了鉴定，专家们给予很高评价。专家们认为：该方案拆字理论严谨，取码规则简明，并且一贯到底，字根排列规律性强，具有易学、易记、易用和输入速度快等优点，在国内外同类编码方案中具有领先水平。1986年"郑码"获农牧渔业部科学技术进步一等奖！

"郑码"在农业科技文献的建库工作中发挥了排头兵的作用。这一研究成果获奖后，随即为全国的农业院校和科研院所办了数期"郑码电脑汉字输入方案"学习班，为电子计算机在农业科研领域的应用打开了一条顺畅的渠道。同时，中国农业科学院情报研究所利用该输入法圆满完成了"中国农业科学叙词表"12万条的建库录入工作，以及"中国农业科技文献数据库"600余万字的中文输入。制约汉字快速输入计算机的瓶颈终于被打破了！

"郑码"的诞生，可以说是郑易里终生研究的成果，他自豪地说："我这一生最大的成绩就是计算机汉字输入法——'郑码'的研究成功。"他终于圆了青年时代的梦——用机器（计算机）打汉字！

汉字信息化处理技术这一举世瞩目的重大课题的突破，很多媒体用兴奋的语调进行了报道。1985年12月17日《光明日报》刊登《郑易里完成"郑码方案"使电脑处理系统向实用科学迈进一大步》的报道，文中写道：

一种易学、易记、实用、输入速度快的计算机汉字输入方案——郑易里电脑汉字二十六键拆根编码方案（郑码方案），已由中国农业科学院科技情报研究所研究员郑易里设计完成，十二月十六日在北京通过鉴定。我国计算机和信息处理业的专家们称赞这一方案是国内外同类方案的先进成果之一，它使我国的电脑汉字处理系统向实用科学迈进了一大步……郑易里在中国语言文字的园地里辛勤耕作，孜孜不倦。在他七十五岁时发表了《从人查字到机器查字》的专著，对汉字检索理论做了科学的论述。这部著作被学术界视为中文检索和编码的理论基石之一。继而，郑易里和他的助手们又艰苦奋斗了五个春秋，终于成功完成了"郑码方案"。"郑码方案"采用国际上通用的标准键盘，由26个汉字主根和69个杂根组成，按横、竖、撇、捺、弯、拐的顺序，分布在二十六个字母键盘上，根据汉字的构字理论，通过连、交、迭、夹等组成不同组合，形成成千上万个不同的汉字。专家们认为，该方案科学理论性强，单字输入速度快，具有易学、易记、易用的优点，建议大力推广应用，早日发挥它的经济效益和社会效益。（记者叶维强报道）

12月18日《人民日报》在第三版刊登的《编译家郑易里研究成一种电脑汉字编码新方法》的文章中写道：

　　……现在郑易里和他的编码组已把六千七百六十三个常用汉字和三千条通用词输入了电脑，并能够在二十六个申铧上，像英文打字那样把它随意组合地打印出来。据统计上述六千多常用汉字，单字码平均每字击键三点九六次，词汇码平均每字击键一点九次。

1985年12月18日《北京晚报》刊登《郑易里汉字编码在北京通过鉴定》，《文汇报》12月18日刊登《汉字信息处理获重大突破，郑易里登上电脑汉字编码新高峰》。

1986年1月20日《北京科技报》刊登《郑易里编码方案有重大突破，汉字编码研究跨入实用阶段》。同时《中国日报》（英文版）在1986年2月26日也向全世界进行了报道。

对电脑汉字形码的科学体系，郑易里在理论和实践上都做出了重要贡献。这些贡献可以概括为以下三个方面：

第一，郑易里根据楷书惯例的原则，规范了笔画的定数、定序。

1. 根据汉字运笔的走向，把笔画归纳为6种，依次定序为"横、竖、撇、捺、弯、拐"。横和竖、撇和捺、弯和拐是三组两相对应、互作补充的图形，它们能完美多变地组成风格各异、框架结构式的成千上万个汉字。

2. 第一次划分了两种"点笔"：一种是汉字书写中的"点"，实际上属短"撇"或短"捺"，抓住了"点笔"的本质；另一种是汉字中不存在的纯粹的圆点"·"，它是电脑字库中组成点阵汉字的唯一基本结构单位。这样的划分，避免了二者的混淆。

3. "弯"笔角点在右上，"拐"笔角点在左下，两相对应，不宜混而为一。一笔中如果出现先弯后拐或先拐后弯的情况，由先出现的一笔决定属"弯"还是属"拐"，这样就大大简化了笔画数。如果把"弯""拐"合为一种笔画，则破坏了笔画整体的对应规律，以致思路混乱。

笔画是字根的前导，数量过多便烦琐，过少会显不足，只有这6笔是笔画的精髓。这比《英华大词典》中使用的"六笔检字法"又前进了一大步！

第二，郑易里创立了汉字字根的理论体系。汉字的结构有三个层次：笔画、字根、整字，即笔画组成字根，字根组成整字。从序列上讲，6种笔画统帅26个主根，每根用一个英文字母做代码，还有37个包根，这26个主根加上37个包根共63个字根称为单根，单根又可以不同的构形特征组成复根，只百十个字根便可统摄成千上万个汉字。汉字结构层次中，字根是枢纽性的一环，是汉字结构的核心。从数量上看，基本字根（即单根）不到一百个，组成整字时只需几个字根（平均一个汉字由3个字根组成），起笔相同的字根不到6个大类，因而字根具有承上（笔画）启下（整字）的作用。从质量上看，每一字根皆有传统的形体（如"目""氵"或"水"），明确的称读（如"目"读mù，"氵"或"水"读shuǐ）和一定的含义（如"目"是"眼睛"，"氵"是"水"），是形音义不可分拆的统一体。

从甲骨文到楷书汉字，已有6000年左右的历史。演变到现在所谓"独体为文，合体为字"，说明汉字是一种拼形文字，拼形的"形"就是字根。千百年沿用下来的部首，则是字根的精华，是最原始的象形字和象事字。郑易里使字根、部首适应了电脑的要求，在采用国际通用小键盘的前提下，实现了标准化，做到了定量、定序、定位，避免了二义性。可以说字根理论体系的建立是"郑码"科学性和实用性的重大表现。

第三，郑易里把汉字的字形进行了科学的分类。汉字的拓扑图形是字根在各级量变上的质变表现，是提高认识、促进记忆、显示根位、利于拆分的蓝图。例如"吧"与"邑"，"晾"与"景"，字根相同，只因字形不同而字义各异，发生了"质"的改变。拓扑图形分为独体形和合体形两种，独体形最初是汉字的象形字或象事字，囫囵一体，不可分拆，叫作独体字；合体形便是独体字和独体字互相组合成的合体字。字体中字根与字根相互间按一定间隙，形成一定配列规律，因而成为一定结构类形，称为"字形"。基本字形是左右形、上下形和内外形。为便于理解和记忆，把内外形归入左右形和上下形，这样字形规律形成体系，更加严整，效率更高。根据一个字中所含字根（不超过4根）的多少，共有31种字型。只要认清字形，见字知根识码，便可以十分便捷地在26个字母键上把汉字打出来。所以说字形的分类并形成体系是郑易里在汉字理论体系中的宝贵创举。

然而，郑易里没有故步自封，他仍在孜孜不倦地改进自己的汉字编码输入法。耄耋之年的郑易里欣喜地看到包括台湾、香港在内的全国各地从"字根说"的基石上生长出几百种汉字编码方案，同时也敏锐地看到实现计算机录入汉字与字典检索汉字要有统一编码统一排序的必要性。他立志要研究出一种更加完善的、更加理想的、符合汉字规律的汉字输入法。这一输入法要做到理论严谨、符合国家规范、与基础教育背景一致；要简繁体通用，也就是中华民族的全部汉字、日本通用汉字、韩国通用汉字用它都能轻易编码和输入；而且要有一个完整的编码规律和科学体系。这其实是对当时所有汉字输入方法的超越，也是对自己多年研究成果的超越。

1987年郑易里以81岁的高龄离休了，郑珑觉得"郑码"的研究和推广还没有开发，现在放弃很可惜。1988年她开始学习"郑码"，和郑易里共同成立了"中易郑码新技术有限公司"，各占有30%的股份。1989年，郑易里和郑珑各出资600元，将该发明申请了中国专利（专利号：89108851.2，申请人郑易里、郑珑）。

1990年7月，"字根通用码"汉字输入方法经过国家主管部门专家们的严格测试后，通过了中国标准技术开发公司和中国专利技术转让公司的技术鉴定。专家们肯定了郑易里在我国字形编码学术领域的奠基贡献，命名其为"郑码"。"郑码"既破除了用多歧义性的部首法检索汉字，又利用大家所熟悉的部首作为编码用的字根，使得易学与快速输入得到了统一，居世界领先水平。它的意义在于，如果字典摒弃多歧义性的部首检字法而采用与计算机检索汉字原理相同的郑码字根检索法来检索汉字，那么，从小使用这种字典的孩子接触计算机后，郑码检索法就是输入法，能快速地输入汉字，完全不用新学或培训。试想，这会对提高全体国民在信息时代的科技素质起到多么重大的作用啊！

　　1991年5月，被称作"郑码"的字根编码输入法通过了国家语言文字工作委员会的审查，认为"郑码"汉字输入系统在基本字根选用、字根笔划分类、笔形分区、取码笔顺等主要方面已率先做到符合国家语言文字规范，确认这种输入法"是一种易学与快速输入得到统一的方案"，"在国内外同类方案中具有领先水平"，"具备了广泛应用和推广条件"。

　　1992年，"郑码"有了改进，能在不改变编码规则和字根代码的前提下，可以方便地给10万汉字进行编码。也就是说，学会用"郑码"即可以输入几千个常用汉字，用同一方法编码，还可以输入几万个中国的生僻汉字以及日本和韩国的汉字，这一优势是其他输入法所不可比拟的。

　　1992年4月，"郑码"系统建成比《康熙字典》《中华大字典》《汉语大字典》收字还要多的"大型汉字数据库"。同年，中国标准技术开发公司根据国家课题完成了当时世界最大的6万电脑大汉字库，但无法检索应用，专家们分析了各种输入法后，认为只有"郑码"才有可能完成这个任务。果然，在使用"郑码"后不到20天，6万汉字全部编码完成。在国家电脑大汉字库诞生的新闻发布会上，操作员最多只需4键就可以从6万多个汉字中迅速调出任何一个汉字。一向对科技报道相当谨慎的记者们总算有一次酣畅淋漓用词的机会了，他们报道说："大型汉字字形库的建立，使汉字印刷可望彻底告别铅与火。""这是中文信息发展的里程碑。"同年，在国内外举行的多次汉字输入方法比赛中，"郑码"都轻而易举地夺魁。在第三次海峡两岸汉字输入比赛中，使用"郑码"的内地选手一举夺得简体字和繁体字两项冠军，打破繁体字输入项目由台湾选手包揽的神话。同年，"郑码"编码系统荣获北京国际发明金奖和最优秀国际发明大奖——北京市市长特别奖。

1994年第二十二届日内瓦国际发明展将金奖授予"郑码"，评委们评价："郑码"编码系统的发明，对中国和亚洲文化信息事业的发展做出了重大的贡献。

过硬的市场标准更有权威性。1994年5月中国长城计算机集团、中科院联想集团、北大方正新天地联合签约，应用、推广"郑码"。

同年8月，世界最大的软件公司——美国微软公司经4次委派不同专家到中易公司考察后，初步确定选用"郑码"装入Windows3.2中文版和Windows95中文版中，并于1995年支付了100万美元（网上数字）的使用费。红旗Linux系统等也都已经选用"郑码"作为中文输入法。

1995年，韩国要独立地将五千万汉字的"国宝"《大藏经》制成电子光盘，出版商派专家对中国大陆和台湾的汉字输入法进行考察，从诸多的汉字输入法中选中了"郑码"。经过短短几天的培训，30位不懂汉字的韩国小姐仅用半年时间，就将《大藏经》全部录入电脑制成光盘，光盘既向韩国人民播撒着佛家思想，又流传着"郑码"的故事。

1996年10月，以"郑码"为核心的"计算机全汉字信息处理系统集成"项目荣获国家科委、国防科工委、中国科学院、中国科协、中国自然科学基金会五单位联合颁发的全国科技信息优秀成果一等奖，这是我国科技信息界的最高荣誉。

1997年末IBM公司正式签署《郑码》汉字使用权合同。在中文软件中全面使用"郑码"。同时，日本EPSON公司、新加坡、中国、香港等地公司也有选用"郑码"，并且出版繁体字和日文版的"郑码"。

1999年，该项目又荣获"国家科技进步奖"。

2000年，继1995年Windows所有中文版全部预装"郑码"以后，在所有英文版的多文种处理中也预装了"郑码"。

到2002年，应用"郑码"的快手输入汉字的速度已超过每分钟240个汉字，超过了正常语言速度，成功地解决了汉字快速输入的历史难题。郑易里为之奋斗的梦想，终于在他的有生之年得以实现，他感到无比欣慰。

郑易里和"五笔字型"汉字输入法

大家都知道"五笔字型"比"郑码"早诞生、早推广，但却不知道郑易里和"五笔字型"的关系。

1979年，郑州一位姓陶的工程师研究了一种汉字编码方案，河南省科委组织开鉴定会，约请郑易里去郑州参加鉴定一种汉字编码方案。在会上，郑易里坦诚地对这个方案提出了一些建议，他的精辟见解引起很大震动。第二天，河南科委请郑易里做专题报告，讲有关汉字编码字根论的研究理论及方案进展，激起听众极大兴趣。当即就有人把报告内容电告了在南阳科委工作的王永民，王永民一听，星夜赶到郑州，见到了郑易里，便向郑易里诚心讨教，这时他才知道汉字还有编码一说。以后，他带人到北京郑易里的单位和家中虚心请教。郑易里不但热情接待，还有问必答。

1980年，南阳科委立项拨款研究汉字输入编码课题，特邀郑易里去南阳指导协助。郑易里见南阳科委这么支持汉字编码研究，王永民等人如此求知心切，非常高兴。此时正值酷暑8月，时年已75岁的郑易里一到南阳，就连续讲了7天课，将自己多年对字根、对汉字编码理论和方案的研究心得和发明成果都无私地传授给了王永民等人。1982年秋在湖南长沙的湖南宾馆有个文字信息鉴定会，郑易里和孙国凤去参加，还顺道去南阳，到王永明的办公室详细地给他讲解了汉字拆根的问题。从1980年8月到1983年8月的几年间，郑易里不顾高龄，四次应邀去南阳指导和帮助课题组一起实现这个后来被称为"五笔字型"的汉字编码项目。郑易里住骑河楼北京妇产医院宿舍时，王永民多次来北京看望郑易里并请教汉字编码问题。

当时南阳的课题组虽然努力，但事倍功半，长期停滞在48键上。当郑易里创先实现的26键方案6月份定稿打印成册后，得到农科院的许可，他最先给南阳的王永民寄了去。王永民接到后，大喜过望，在给郑易里的回信中，掩饰不住兴奋之情地写道："这是一个伟大的成功！是字形方案的高峰上插上的一面鲜红的旗帜！体系的严密，科学思想的一贯，构成的精密，使用方法之简易及实编效果的惊人！"并认为这是形码界爆炸的第一枚原子弹！

同年11月在北京西郊举行的汉字信息处理技术学术交流会上，郑易里将这世界上最先实现的26键的具体方案广为散发。与会的专家问郑易里："这是您多年研究的巨大成果，这一散发出去，别人不是很容易'偷'去吗？"郑易里回答："中国大陆是汉字的发源地，最好的汉字编码，应该诞生在中国大陆，只要是中国大陆的人，谁拿去用都一样！"

几个月以后，南阳课题组完成了26键的"五笔字型"汉字输入法。1983年8月"五笔字型"在郑州召开鉴定会。鉴定会的文件中写道："郑易里先生关于汉字研究的理论是当今比较系统完整的科学理论。这一理论不但为大家所公认，而且已成为许多字形编码研究的基础……郑老是我们南阳从事字形编码研究的导师。我们对郑老关于汉字理论的学习和认识是逐步加深的。虽然我们前期的研究也贯穿着郑老的理论，但真正全面地运用郑老的理论于汉字字形编码的实践，则见于我们的26键五笔字型汉字编码方案。""我们不知道怎样用言语表达我们对著名学者郑易里先生的感激之情……如没有郑老的理论做基础，WBZX（五笔字型）方案将不能成立。""如没有郑老的教益和指导，也许到今天我们还一无所获！"

按当时王永民的主要助手张道政的说法，五笔字型和郑易里先生的六笔字形并无重大区别，两者之间是有密切关系的。鉴定会后，大家都非常高兴。但是，郑易里却清醒地告诫课题组说：五笔字型在字形拆分的规范方面还有许多问题，汉字编码是涉及文化和教育的大事，应该尽量做到规范化，希望改进以后再推出。可是市场不等人，王永民还是迫不及待地将"五笔字型"推出了，尽管如此，郑易里还是以他博大的胸怀，为了鼓励年轻人的发展，书写了热情洋溢的祝贺"五笔字型"诞生的讲话。"五笔字型"由于适应了当时社会急需快速输入汉字的需要，推广得很成功。但是，它的烦琐、缺乏系统性和不规范性，也引起越来越多专家的质疑。

王永民曾在《五笔字型计算机汉字输入技术》一书中深情地写道："郑易里先生曾四次亲临南阳指导我们的工作。我们的'汉字层次分解编码方法'即参考了郑老关于汉字研究的科学理论，郑老创造的'一笔查字法'和《从人查字到机器查字》等著作，为我们研究和建立字形编码方案提供了汉字研究的重要参考。"正是依靠郑易里这样无私的帮助，"五笔字型"诞生了，恰逢电脑的发展需要输入法的进步，因此，"五笔字型"很快得到了普及。

这件事正是体现了郑易里的无私奉献和高风亮节。

简朴的生活无私的资助

郑易里对生活要求很简单，他不抽烟、不喝酒，吃饭有米，吃菜有肉，各季节的衣服够换洗的就行。他最大的享受是到大自然中去，他在北京农大上学时，就遍游京郊风景名胜。若去戒台寺、潭柘寺那些交通不便的地方，他就带上干粮，步行到农村，租一头毛驴骑着去游玩。当天回不来时，就在附近村庄的老乡家借住一宿，第二天再回来。新中国成立后，他和家人长住北京，几乎每到星期天他都去北海、动物园、颐和园、香山等地游玩。直到85岁以后，郑易里还每天早上坐公交车去颐和园活动。郑易里91岁时，家里买了汽车，活动范围就更大了，潭柘寺、戒台寺、大觉寺、妙峰山、十三陵水库、平谷金海湖、密云水库、盘山、黄崖关都去过了。郊游，到大自然中去，这就是他一生的最爱。

他自己生活很简单，但当亲友有困难时，他总是伸出援手帮一把。

前面提到1935年，郑易里在上海参加上海青年妇女俱乐部的活动，与曹亮、熊嶽兰（与曹亮同居）、熊约春（熊嶽兰之妹）在一起。1937年，郑易里与熊约春结婚。日军进攻上海时，青年妇女俱乐部的人员大部分撤离上海，许多人去了延安。这时熊嶽兰与曹亮脱离了爱人关系，去了重庆，在重庆时报社工作，不久生了一个女孩。郑易里和熊约春从云南探亲回上海时，绕道重庆看望熊嶽兰，熊嶽兰很困难，无法抚养女儿。郑易里和熊约春看到这个襁褓中的漂亮婴儿，十分喜欢，便义无反顾地收养了她，取名郑珑，把她带回上海，解决了熊嶽兰的困境。郑易里觉得这个孩子有亲生父亲，但不能相见，有亲生母亲，但不能照顾她，所以他对这个养女十分怜爱，甚至超过了对自己亲生孩子的爱。

郑易里的好友浦承绪在新中国建立初期受到不公正待遇，他家在云南宣威并没有田产，却被定为大地主，更要命的是组织上怀疑他是"叛徒"，多次审查他的"叛徒"问题，问他：1930年云南地下党那么多领导、党员遇难，为什么你没有死？是不是你出卖了他们？当年，浦承绪出逃后跟组织断了联系，就在宣威做火腿生意，他既不知道叛徒是谁，也找不到人来证明自己的清白。不但如此，他的大儿子被抓走关押，连他年仅8岁的女儿也被关押。浦承绪因此受刺激导致精神崩溃，1952年在贫病交加中去世，年仅45岁。他的妻子于1953年去世，留下6个孤儿，最小的女儿只有1岁，情形十分凄惨。当时浦承绪的大多数亲友因为他的"叛徒"问题，不敢与他们家联系，怕惹祸上身。而同样背负这个"叛徒嫌疑"罪名的郑易里，在1953年下半年，到昆明看望浦承绪的孩子们了，他和孩子们一起到浦承绪夫妇的墓前吊唁，他当时一定在默默地想：承绪，你放心，只要我手里有钱，你的孩子就有饭吃、有学上。他是这么想的，也是这么做的，从那时开始，他每个月给孩子们寄5元钱。浦承绪的二儿子浦恩澍因经济困难失学两年，现在又能继续上中学了，每个月伙食费3元。他后来考上成都工学院，郑易里另给他5元生活费，还给他订了《知识就是力量》杂志，每个月在寄钱的同时，会给他写一封信，指导他的为人，指导他的学习，一直到1960年他大学毕业，参加工作为止。郑易里给其他几个孩子每个月的5元钱，一直延续到"文化大革命"初期，各自生活能自立为止。1954年，郑易里多方奔走，为孩子们要回了浦承绪在三联书店的股金660元钱，这在当时是一笔大数目，他指定用这笔钱作为孩子们的医疗储备金，使孩子们能健康地成长，可是他自己投在三联书店的股金却分文未取。现在，浦恩澍已是70多岁的老人了，他回忆往事，万分感慨地说："郑叔叔是我们家的大恩人啊！"

张经辰是中共地下党云南省委委员，1930年12月31日惨遭反动当局杀害。他的妻子何月华身怀六甲，还带着2岁的女儿，生活十分艰难。郑易里在农大参加新滇社时，跟张经辰成为知己，后在云南共同开展地下工作。张经辰牺牲后，郑易里很想帮助何月华，但他也在被抓捕之列，他只得在逃离昆明前，嘱咐他的二哥郑一斋关照何月华母子。后何月华嫁给云南游击队的创始人李国定，育有一子，名何弥临。何弥临3岁时，他的父亲李国定病逝。郑一斋在世时，经常接济何月华母子4人。郑一斋去世后，郑易里便接过接力棒，继续资助他们的生活。1954年夏，郑易里去昆明看望何月华一家，见到正上初中的何弥临，看到他十分能干、懂事，就跟何月华说："你的儿子很有培养前途，你让他好好念书，将来要是考上北京的大学，我可以负担他一部分生活费。"何弥临知道后十分受鼓舞。1958年，何弥临如愿以偿，考上了北京邮电学院，郑易里知道后特别高兴。郑易里也实现了他的诺言，每个月一发工资，肯定会给何弥临发生活费，有时候是让他到单位来取，有时候是亲自骑自行车给送去。在何弥临上大学的5年间，不管风霜雨雪，从没有间断。郑易里不但关心他的生活，也关心着他的成长。郑易里每次见到何弥临都要跟他聊聊天，向他提出一些自己感兴趣的问题，当看到何弥临能用所学的知识回答这些问题时，郑易里便溢出欣慰的笑容，为何弥临的成长感到由衷的高兴。

郑易里五哥的独子郑璇，北京大学俄语系毕业，分配到武汉工作，婚后育有3个孩子。不幸的是郑璇50多岁就去世了，3个孩子都在上学，其中老二还脊柱侧弯，需要治疗，郑璇的爱人收入不多，孩子们的学费、治疗费让她入不敷出。没有办法，她只好向郑易里求援。郑易里知道后，也是每个月定期给他们寄钱，一直到老大有了工作，老二的病治好，郑璇的爱人后再嫁，她亲自写信来说生活可以了，不用寄钱了，郑易里才停止对他们的援助。

类似的事情数不胜数，可以看出郑易里是非常有同情心的人。他无论是救助落难的革命同志，还是援助生活困难的亲友，都是无私的，不求回报的。他做了这些善事也从来不跟家人和外人宣扬，他的高风亮节，他对国家的贡献，令他在郑氏家族中享有崇高的威望。

结束语

2002年4月郑易里因病与世长辞，享年96岁。他用自己的一生验证了马克思的经典名言——在科学上没有平坦的大道，只有不畏劳苦沿着陡峭山路攀登的人，才有希望达到光辉的顶点。

他的青年时期，怀抱农业救国的理想。马克思主义的传播，苏联十月革命的成功，使他的理想上升到革命者的高度。

在20世纪30年代到50年代他致力于马克思主义哲学思想的传播，他与艾思奇合译的《新哲学大纲》是中国第一部系统介绍辩证唯物主义的经典著作，他是中国第一部《资本论》全译本的出版人和校对者，他出版了大量革命书籍运往抗战前线和革命根据地，他在出版阵地高举革命、抗战的思想大旗，来宣传、鼓动民众。

新中国成立初出版的、由他编纂的《英华大词典》，是第一部由中国人自编的、例证多、查得率高的中大型英汉词典，它哺育了几代英语人才，为英语翻译和教学发挥了重要作用。

他用毕生的精力研究汉字的检索，进而研究汉字的信息化处理，他是创立汉字字根理论体系和汉字字形分类体系的第一人，并在此基础上创制成功科学性和实用性都很强的"郑码"，"郑码"的影响力是世界性的，他为汉字的信息化处理立下了丰功伟绩！

这是他一生坚忍不拔、不畏劳苦在不同的学术领域取得的丰硕成果，这样的学者实不多见，实为传奇！

他是一位具有前瞻性的学者。在中国革命最需要马克思主义思想指导的时候，他出版了马克思的经典著作《资本论》；在新中国刚刚成立，最需要知识人才的时候，他编纂、出版了《英华大词典》；在中国推广计算机技术遇到"瓶颈"（汉字信息化处理）时，他推出了汉字形码编码方案——"郑码"。他能够看到未来社会发展的需要，使自己的研究走在社会需要的前面。他就像静卧在群山环抱中的湖泊，默默地承接着山川涌出的泉水，酝酿着丰富的知识宝藏，一旦社会需要，便毫不吝啬地托出他的研究成果，奉献社会。这也是一个传奇！

郑易里早年参加革命，但他从不张扬；他在多方面有所建树，但他从不夸耀；他在政界、军界、文化界认识很多名人，但他从不攀附；他在经济上帮助过很多人，但他从不要求回报。他一生低调处世，淡泊名利。"非淡泊无以明志，非宁静无以致远。"宁静致远，才使得郑易里有如此骄人而伟大的成就，有传诸后世的芳香。香远益清，郑易里的品格为我们这个时代留下了清新深远的精神财富。

在当今浮躁喧嚣的学术和生活烟尘中，我们来领略郑易里的成就和他的精神品格，使我们多一些谦逊和宽和，多一些淡然和勤勉，让我们每一个人，为实现中国伟大的强国梦，做出更多、更大的贡献。

参考书目

1. 云南文史资料. 内部资料, 1988

2. 中共玉溪市党史资料选编. 内部资料, 1991

3. 中共个旧党史资料. 第一辑. 内部资料, 1990

4. 简师校史. 内部资料, 1993

5. 文山壮族苗族自治州党史资料. 内部资料, 1989

6. 文山壮族苗族自治州党史资料. 内部资料, 1986

7. 玉溪市志资料选刊. 内部资料, 1984

8. 尹国举. 云南地下党早期革命活动. 昆明: 云南民族出版社, 1989

9. 联谊通讯. 三联书店内部资料

10. 生活书店·读书出版社·新知书店革命工作50年. 内部资料, 1982

11. 刘大明 范用. 一个战斗在白区的出版社

12. 战斗在白区. 生活·读书·新知三联书店, 2001

13. 马仲扬. 资本论的出版和发行

14. 战斗在白区. 生活·读书·新知三联书店, 2001

15. 戴文葆. 窃火者郑易里（编辑记者一百人）. 学林出

版社，1985

　　16. 郑易里. 无悔的岁月（序）

　　17. 浦代英. 无悔的岁月. 华夏出版社，1999

　　18. 陶　膺. 英华大辞典和郑易里

　　19. 郑易里. 英华大词典. 生活·读书·新知三联书店，1950

　　20. 英华大词典（第三版修订者前言）. 商务印书馆辞书研究中心，1999

　　21. 郑易里. 资本论的文学构造（译者序）. 读书出版社，1947

　　22. 郑易里. 自然辩证法（译后记）. 生活·读书·新知三联书店，1950

　　23. 陶　沙，电脑汉字形码理论体系的奠基人——郑易里《玉溪市文史资料》第八辑，1992

　　24. 市场报. 破译汉字密码，再创汉字辉煌. 1999.12.15

　　25. 郑码网. 中华文化的瑰宝——《郑码》汉字输入系统

　　26. 何弥临. 学者郑易里（忆郑易里叔叔）. 中国农业出版社，2012

　　27. 浦恩澍. 学者郑易里（往事如烟）. 中国农业出版社，2012

　　28. 程鸣之. 学者郑易里（淡泊名利）. 中国农业出版社，2012